Refactoring
All business is worth
doing again

重构

所有生意都值得重做一遍

韩永发/著

中华工商联合出版社

图书在版编目（CIP）数据

重构：所有生意都值得重做一遍 / 韩永发著 . -- 北京：中华工商联合出版社，2019.2

ISBN 978-7-5158-2477-2

Ⅰ . ①重… Ⅱ . ①韩… Ⅲ . ①企业管理 – 研究 Ⅳ . ① F272

中国版本图书馆 CIP 数据核字（2019）第 021958 号

重构：所有生意都值得重做一遍

作　　者：韩永发	印　　刷：三河市燕春印务有限公司
责任编辑：于建廷　臧赞杰	版　　次：2019 年 4 月第 1 版
责任审读：付德华	印　　次：2024 年 1 月第 4 次印刷
营销总监：姜　越　郑　奕	开　　本：880mm × 1230 mm　1/32
营销企划：张　朋　徐　涛	字　　数：200 千字
封面设计：周　源	印　　张：8.875
责任印制：迈致红	书　　号：ISBN 978-7-5158-2477-2
出　　版：中华工商联合出版社有限责任公司	定　　价：49.00 元
发　　行：中华工商联合出版社有限责任公司	

服务热线：010-58301130
团购热线：010-58302813
地址邮编：北京市西城区西环广场 A 座
　　　　　　19-20 层，100044
Http：//www.chgslcbs.cn
E-mail：cicap1202@sina.com（营销中心）
E-mail：y9001@163.com（第七编辑室）

世界，向来都是一张善变的脸。

谁也不敢说，眼下的处境顺风顺水，再过十年之后，还能一切照旧。时代在变革，社会在发展，环境在改变，曾经不成问题的事情，可能在不知不觉间演变成了麻烦；曾经带给你诸多利益和好处的优势，可能今天成为继续前行的桎梏。

有不少优秀的企业都曾上演过这样的剧目：它们本是原来领域中的佼佼者，几乎没有谁能与之相媲美。突然有一天，有一个全新的行业冒出来，而它们还没来得及去琢磨是怎么回事，就被碾压在历史的车轮下，诺基亚、柯达无不如是。

这就好比，有一条路你很熟悉，走得很顺，甚至闭上眼睛都知道它在何处拐弯，你就这样走了十几年。可突然有一天，发生了地质灾害，那条路莫名地被一条深沟隔断了，而你还是自信地闭眼前行，等待你的不是目的地，而是深渊。

没有一条既定的路，能助我们顺利走完一生；也没有一种永恒的模式，能让我们常胜不败。人生和事业，就是一场接一场的重组。唯有把过去的经验和现有的认知进行重组，顺应时代的趋势，才是明智之举。

面对互联网的猛烈冲击，置身于这个"测不准"的世界，多少传统企业都在经历拷问：企业该何去何从？我们该怎样存活？这个问题，很难给出确定的、标准的答案，就像莎士比亚所言："一千个人眼中，就有一千个哈姆雷特。"

然而，没有标准的答案，不代表没有解决的办法。韩永发校长的这本书，就从启发的角度给出了有价值的参考。他一直强调，重组不是彻底的颠覆，而是升级和进化。进化的核心是什么呢？恰恰是思维的成长。

商场如战场。在战场上，武器的改变，致使将军的作战思想、军队的作战方式、军队的组织结构都要随之改变，如若不然，必遭溃败。传统企业在面对互联网大潮时，技术的东西只是术，思维方式和组织结构才是核心。是否是传统企业，不是取决于它所处的产业和行业，而在于它的思维模式。只有思维传统的企业，才被称为传统企业。

互联网时代有老命题，也有新挑战。互联网只是改变了产品、服务和传播的方式，但没有改变商业的基本运行规律。至于如何构建用户思维、战略思维，完成角色转变，我相信这本书可以帮助企业主和高层管理者们拨开一些迷雾。

智和商学执行院长　张浩峰

2018 年 12 月 20 日于深圳

蝉蜕思维：一场从头到脚的变革

有关转型的言论，近两年可谓甚嚣尘上，许多企业还没有弄清楚"互联网+"是什么，紧接着又迎来"大数据""人工智能"等席卷商业思维的新名词。站在这些新概念的门口，多数传统企业都满载焦虑地徘徊着，真正能够踏进新未来、成功转型的少之又少，可借鉴和学习的经验更是寥寥无几。

想要实现成功的转型，首要之事就是理解转型的根本含义。在过去的四十年里，中国企业完成了西方企业近百年的改变。从这一点上来说，转型并不是什么新鲜的词汇，从过去的四十年到未来的十年，它都是一个持续热点的话题。

从2012年开始，世界经济开始下行，中国传统企业真正感受到了移动互联网带来的冲击，产品越来越不好卖，营销办法失灵，员工愈发难以管理，企业遇到的问题层出不穷……这都在提醒企业，新一轮的转型正在发生。

转型不是阶段性的任务，而是长期的、持续的过程，也是企业时刻面临的任务。转型是不稳定的，它要求企业在持续的变化与不确定中寻找确定。一次转型，就是一次涅槃重生，它比创造一个新的企业更有难度和挑战性。

到底是什么因素制约着企业的成功转型呢？抑或说，企业实现转型重构，需要遵循什么样的逻辑呢？事实上，这也是我们这本书的策划思路和逻辑。

没有观念的更新，就不会有发展的突破；没有思维方式的转变，就不会有行为方式的改变。企业重构和转型是对企业运行结构的调整，这种调整必然会对企业原有的惯性思维产生冲击。人，通常都不愿意割舍过去的成功与荣光，继而就陷入思维的牢笼之中，对改变心生抗拒，不能积极地适应并寻求解决之策。还有些企业，虽然意识到了转型的重要性，但往往只停留在技术层面、产品层面或是营销、管理层面，对转型的整体性缺乏完整的认识和系统的思维。

企业要实现成功的转型，一定要有"蝉蜕思维"，从思维到行动、从形式到内涵、从制度到文化，在阵痛中全面提升内功，实现脱胎换骨的蜕变。企业必须有前瞻的思维，摆脱企业现状构成的"隧道"，只顾盯着眼前的问题，看到的只有狭窄的视野；沉溺于某种固定的思考模式而不自知，就无法知晓自己是何种模样，能变成何种模样。

重构是一个系统的工程，绝不是头痛医头、脚痛医脚的事。企业须认清形势，扭转思维，把企业视为一个有生命、意志的"生物法人"。不过，与人不同的是，企业覆亡并非必然。对于生物法人这种生命体而言，其永生不死的秘诀，就在于是否有能力带动整体系统同步蜕变，一致追求相同的目标。

祝愿所有在风浪中求生的企业，都能在历经蝉蜕之后，重获新生。

超越极限集团总裁、演说家　许伯恺

重构才能重生，改变才有未来

互联网的普及、电商的疯狂发展、各种渠道的侵袭，让传统企业应接不暇，它们虽已拼尽全力去谋生存，却最终还是深陷困局。传统的行业规则已然行不通，世界变成了一个透明的玻璃体，顾客变得像猫一样馋、懒、聪明、挑剔。在这样的局势之下，传统企业该何去何从？

《周易》有云："穷则变，变则通，通则久。"

当事物发展到某一极点，变，就成为一种必然的趋势。

迷途之下的传统企业，无论愿意与否，都必须去碰触一个艰难的话题，亦是决定企业能否重生的选择——重构。

什么是重构？对不少企业而言，它还是一个较为陌生的词汇。"重构"本是计算机术语，意思是系统升级、程序再编、软件重装，将其运用在企业的问题上，就是转型变革、流程再造、系统改造、顶层设计。移动互联网的出现，颠覆了很多领域，传统企业过去的很多行之有效的方法、成功经验，瞬间就变得不好使了，而在将来这还可能会成为失败的根源。

不少遭受互联网冲击的企业，在面临窘境时所考虑的不是自身的重构与蜕变，而是埋怨这种新生事物带来的不公："如果没有互联网，我会……"遗憾的是，做企业没有"如果"，只有"结果"。就如我们前面所言，在传统行业中艰难成长起来的企业，无论愿意与否，都得面临互联网带来的颠覆。

有一个不太美好却又不得不直视的现实摆在眼前：未来能够成功转型的企业比例不会太高，甚至十不存一。企业的重构，究竟难在哪儿呢？从外部环境来说，是因为技术革新太快，能够紧跟技术潮流的企业凤毛麟角；从企业内部来说，是多数企业的战略适应性不够，在外部竞争环境发生变化后，没有及时地作出有效调整。

从生物进化的角度来看，每一次气候变化之后，都会有一大批物种消失。企业作为一种社会组织，也遵循着相似的规律，当外部环境变化以后，企业必须作出相应的变化，才能够生存。只不过，能够顺应环境变化做出改变的企业，永远都是少数。

达尔文在《物种起源》里讲到，那些能够幸存的物种，往往不是最强大和最聪明的物种，而是最能适应外部变化的物种。未来能够生存的企业，可能不是最强大和最聪明的企业，而是最能适应外部环境变化的企业。

变革时代之下的企业经营者们，应当从一个冷静的视角去思量如何拥抱趋势，应需而动。重构和转型是时代所需，用户的行为在改变，需求在升级，多重困境考验着企业，企业经营的复杂程度是以往任何时代都难以比拟的。但与此同时，企业经营者们也应当看到，用户的价值没变，商业的本质也没有变；传统行业的竞争力亟待升级，但绝不是恐慌性转型。

面对新浪潮，不能迟钝，更不能盲从，只有回归经营本质，创造客户价值，找到可行之策，不随波逐流，才能在不确定性中探寻到生存之路。

◇ 第三章

用户思维：重新定义产品，把体验做到极致

◇ 第四章

角色思维：完成角色转变，激发企业家精神

◆ 第五章

战略思维：先学会如何选择，再学会如何努力

◆ 第六章

效率思维：制度是冷效率，文化是热效率

第 一 章

局势思维：时势造赢家，
踏准时代的节拍

时代是一个超级旋涡，企业的处境就跟落入旋涡中的人如出一辙，看不清发展的趋势，就会被时代的旋涡吞没；顺应发展的趋势，方有逃离险境、重获新生的机会。一个企业想存活和发展，必不可少的就是前瞻性的思维，能够看清局势、预测未来。

你可以输给对手，但不能败给时代

在冰天雪地里，一个人不小心掉进了瀑布的漩涡。面对这样的困境，他应该做的就是在最短的时间内游出来，不然的话，身体的热量很快就会被冰凉的水消耗殆尽。所幸，这个人会游泳，他按照以往在泳池里游泳的经验，开始下意识地往岸边游，希望尽快逃离险境。

漩涡太可怕了！他刚游出去几米，就会被漩涡重新吸回去。尝试了几次之后，他已经筋疲力竭，再无力对抗强悍汹涌的漩涡，丧生在冰冷刺骨的水中。过了一两分钟，漩涡把他冰冷的尸体推到了岸边。

看到这里的时候，多少人都感到震惊，随之而来的是一声叹息。多么讽刺的现实啊！活着的时候，拼死拼活地想要游到岸边，逃离可怕的漩涡，可最终没能达成目标。无望地被漩涡吞没后，彻底放弃了挣扎，却轻而易举地被推到了岸边。

为什么会这样呢？其实，这是漩涡的性质决定的，一旦陷入其中，想要逃离漩涡，最好的办法是保持冷静，顺着漩涡慢慢地转，寻找自救的机会。很遗憾，落入漩涡的那个人没能看清自己的处境，还以为跟在泳池里一样，依旧按照过去的思维方式行事，结果不幸丧生。

时代就是一个超级旋涡，而企业的处境与落入漩涡中的人如出一辙，如果看不清发展的趋势，就会被时代的旋涡吞没；顺应发展的趋势，方有逃离险境、重获新生的机会。一个企业想存活和发展，必不可少的就是前瞻性的思维，能够看清局势、预测未来。

海尔集团的创始人张瑞敏说过一句话："没有成功的企业，只有时代的企业。"

很多人都赞同后半句话，但对于"没有成功的企业"这一说法，却是百思不得其解。改革开放四十年，多少企业从小作坊起步，一步步发展壮大，这难道不是成功吗？

其实，这里对"成功"的定义不同于我们以往所说的含义，它是一个相对的概念。诚然，国内有不少企业做得都很好，无论是经营还管理，都能够准确地跟上市场的节奏。但是，有一点我们需要明白，这种准确把握市场通常都是暂时的现象，只能说明此刻它踏准了时代的节拍，然而明天呢？五年、十年以后呢？从长远来看，没有哪一家企业能够做到"永久性成功"。

张瑞敏的意思应该是：企业所谓的成功，不过是踏对了时代的节拍。时代发展迅猛，就算世界顶级的企业，跟不上时代的步伐，也可能万劫不复。这不是危言耸听，纵观世界范围内的企业兴衰史，我们会发现这样的情况并不鲜见。

案例链接

19 年不关一家店的传奇，终成了过去

在零售行业中，大润发是一个号称 19 年不关一家店的传奇。

1997 年，黄明端在润泰集团就职，他被任命负责公司的新业务，进军零售业。当时的黄明端还是个"外行"，可他凭着一股闯劲把大润发做起来了，且将其打造成中国零售业的传奇。让我们来看看大润发的业绩：1999 年营收 240 亿元，

十年后营收超过 400 亿元，超越家乐福，成为中国大陆百货零售业的巨头。2011 年，在打败了沃尔玛和家乐福等强劲的对手之后，大润发与欧尚合并成为高鑫零售在香港上市。2016 年，大润发营收突破千亿元。

一切看起来顺风顺水，似乎前景也是乐观的。然而，在零售业立足，打败了所有对手，就真的能高枕无忧了吗？2017 年末，距离大润发营收破千亿元时间上也就隔了一年左右，高鑫零售竟然被阿里巴巴收购了。2018 年年初，高鑫零售董事、大润发创始人黄明端辞职，阿里巴巴的 CEO 张勇接任。又过了数月，大润发 6 名高层先后离职，那 19 年不关一家店的传奇，就这样悄无声息地成为过去。

案例链接

再见，诺基亚！再也不见……

二十年前，摩托罗拉抓住了模拟时代的机遇，在通信行业中独领风骚。可就在转瞬之间，市场又把诺基亚推上了风口浪尖，它成为数码时代浪潮中的新宠。多少人看好和追捧诺基亚的未来，但谁也没有想到，多年后的通信领域中，诺基亚产品竟然已难觅其踪，直到 2017 年才陆续发布了几款新产品，不过，再难现曾经的风光。诺基亚前 CEO 在《诺基亚退出历史舞台演讲》中说："我们并没有做错什么，但不知道为什么，我们输了。"

诺基亚到底输给了谁呢？从表面上看，诺基亚似乎是被苹果打得节节败退，自 2007 年苹果推出 iPhone 之后，在短短四年的时间里，诺基亚的市值就缩水了 2/3。然而，透过现象去看本质，就会发现一个不争的事实：诺基亚不是输给了苹果，而是输给了时代。

诺基亚风光的时期属于手机时代，可当苹果推出了 iPhone 之后，手机时代就落下了帷幕，取而代之的是手机互联网或移动互联网时代。诺基亚没有跟上时代的脚步，忽视了智能手机时代的趋势，轻视了苹果的威胁，结果被碾压在时代的车轮之下。

案例链接

海尔的自我颠覆，只为紧跟时代

1984 年，张瑞敏接手海尔的前身青岛电冰箱总厂，当时的它就是一家亏损严重的集体工厂。工人们消极怠工，产品质量没有保障，为了唤醒员工的质量意识，建立起质量保证体系，张瑞敏痛砸几十台有缺陷的冰箱。这一砸，砸醒了海尔人，砸出了海尔的品质和品牌。

2005年，海尔进入全球化品牌战略阶段，提出"人单合一"模式。在如日中天之际进行自我变革，是许多企业管理者都不愿意碰触的雷区，海尔却这样做了。接下来的十年间，海尔通过变革，创造出一个鲜活、年轻、创新的企业肌体。

海尔CEO张瑞敏把海尔的变革总结为"三化"：企业平台化、员工创客化、用户个性化。

· 企业平台化，可谓大势所趋。企业如果只想着做"大"，开更多的连锁店，一个电商就能将你击垮。企业平台化却不同，它能让企业瞬间利用全球资源。

· 员工创客化，就是让员工成为创业者。在金字塔型的结构里，员工都是听命于上级，而现在则不同，每个员工都要找到自己的用户，变成创业者。

· 用户个性化，是准确地抓住用户的不同需求，投其所好。

一面将企业原有结构打破，进行颠覆性创新，一面还要让企业保持一定的速度很好地前行，这是非常艰难的一件事。2015年，明尼苏达大学卡尔森管理学院著名学者安德鲁·范德文在"海尔互联网模式创新国际研讨会"上发表演讲，指出："海尔已经经历五轮重要的战略转型，我从来没有看到过哪家企业在这样一段时间当中，可以经历五重战略转型，并且是在同一个领导下的三十年间完成的。只有少数几家企业是在同一个CEO领导下一直存活到今天。海尔不是做了一次，而是五次，走出门外转身再进来重新学习。企业要有怎样的勇气才能够经历这样五次重要的战略转型。"

为什么明知艰难，海尔还要一次次地进行自我颠覆呢？张瑞敏说过："没有成功的企业，只有时代的企业。如果跟不上时代的节拍，很容易万劫不复。"人不可能两次踏进同一条河流，互联网时代更是这样，你一定要颠覆，否则时代就会抛弃你。

从来都是企业去适应时代，没有时代去适应企业的。就如《易经》否卦中所言：倾否，而非否倾。与其被封闭的局面所颠覆，倒不如主动去颠覆封闭的局面。"倾否"，不是只倾一次、一劳永逸，而是随着时代的浪潮不断地颠覆，不断地"倾否"。

岁月推着时代的车轮不停地往前走，谁也无法找到一种能在市场中长存的模式，更不能保证有永恒的竞争力，也难以肯定哪些经验是不能够被颠覆的。市场变幻莫测，又残酷至极，时代抛弃你时，连一句招呼也不会打。

安逸，俨然已经不再适合这个高速发展的时代。面对惨烈的现实，我们该如何适从呢？

张泉灵在其演讲《我们为什么没有安全感？》里说："看起来是一样的天和地，但是真的不是原来的那个世界，不是通过大运河和通过铁路扩张的那个时代。今天的消费者变了，时代也变掉了……历史的车轮滚滚而来，越转越快，快到你要不然就躲在一个没有轮子的世界里面，要不然你挡着他的路了，你得断臂求生，再不然就跳上去，看看它滚向何方。"

从现在开始，每一个人、每一个企业，都需要一场自我革命。

"互联网+"造就了什么样的世界

过去的二十年间，互联网的主线似乎只有两个字——消费。

消费互联网，是以满足消费者在互联网中的消费需求应运而生的，它具备两大属性：其一是媒体属性，由提供资讯为主的门户网站、自媒体和社交媒体构成；其二是产业属性，由为消费者提供生活服务的电子商务及在线旅行等组成。这两个属性的综合运用，使得以消费为主线的互联网迅速渗透在人们生活的各个领域，影响极大。

从商业模式上来说，消费互联网玩的是"眼球经济"，即通过提供高质量的内容来获得流量，通过流量变现的形式吸引投资商，最终形成完整的产业链。在消费互联网时代，互联网的服务中心是消费者，主要方式是提供个性娱乐。这种方式虽然能够在短期内快速吸引消费者的眼球，可由于服务范围有限，且并没有真正触及消费者的生活，导致它很容易被快速淹没在互联网发展的浪潮中。

近年来，消费互联网企业扩张迅速，且在电子商务、社交网络和搜索引擎等行业呈现出规模化的发展，形成各自的生态圈，如百度成为搜索行业的龙头企业，阿里巴巴布局移动互联和电商产业链，而腾讯则搭建起全新的以社交媒体为核心的生态体系。互联网巨头企业占据了绝大部分的市场份额，消费者在网络上的行为习惯也趋于固定，在这样的情况下，重新创建一个大的用户群比过去更加艰难和复杂。与此同时，相关数据显示，投资人也出现跟风效应，开始将资金从消费领域转移到投资领域。

在这样的背景下，产业互联网开始悄然登上时代的舞台。一时间，几乎人人都开始谈论"互联网+"，上到政府的工作报告，下到人们的衣食住行，各大企业领军人物纷纷对产业互联网的发展形势进行预测、判断。面对"互联网+"的冲击，传统企业可谓几家欢喜几家愁，有人搭上了时代的快车，把生意做得风生水起；有人还处在懵懂和茫然中，不知明天的路该往哪儿走。不管怎样，企业的命运已经跟"互联网+"紧紧地绑在一起了，不能默默地爆发，就只能默默地消亡。

"互联网+"到底塑造了一个什么样的时代呢？

·万物互联的时代

乔布斯在介绍苹果的持续竞争优势时坦言："一切都将无缝连接"；扎克伯格2014年在确立Facebook下一个十年三大发展方向时说"我们想要连接整个世界"；马化腾在WE大会上提出"互联网的未来是连接一切"的观点；张瑞敏领导海尔采用"人单合一双赢"战略，称"企业即人，人即企业"。

这些在市场风浪中傲然挺立的企业，无疑都踏准了"互

联网 +"时代的节拍，认准了未来"万物互联"的趋势，人与人、人与物、人与服务、人与场景，都能够随时随地地按照需求自然地连接起来。"互联网 +"不是简单的 1+1 = 2，而是化学反应式那样的相加，所有的个人和企业都要做好这个"+"的准备。

·颠覆创新的时代

颠覆性创新，在中国互联网里也被称为"破坏式创新"，这一词汇是 1912 年由著名经济学家熊彼特最早提出来的，他说："创业家的职责就是创造性毁灭。"

特斯拉汽车的 CEO 埃隆·马斯克，在进入特斯拉之前压根没有接触过汽车行业，但他懂得颠覆性创新，摒弃了汽车行业的传统发展思路，既不做 SUV，也不做大众化产品，而是把目标锁定在电动豪华轿跑上，一举切入高端市场，并用硅谷 IT 行业的发展理念、前沿技术和商业模式，打造出了竞争对手所没有的新产品体验和创新价值。

·跨界融合的时代

当互联网的触角伸到了商业地产，淘宝、天猫应运而生；当互联网跨界到炒货店，"三只松鼠"就蹦了出来；微信不是通信公司，却让中国移动这样的大咖"甘拜下风"。未来，所有的互联网企业都将消失，因为所有的企业都变成了互联网企业，企业之间、行业之间的边界将被完全打破，"跨界打劫"将会越来越激烈。

　　这是一个最坏的时代，也是一个最好的时代。对传统企业来说，面对跨界融合的大趋势，只要敢于打开一扇窗，就能创造前所未有的机会，而这扇窗就是"+"思维。

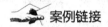 案例链接

做"互联网+"，桑德是认真的！

　　桑德集团是国内有名的大型专业性环保、新能源企业。在创立之初，它主要从事工业污水治理工程并不断设备化，后期开始朝着市政污水的投资运营以及固废处置等传统环保领域发展。近几年，政策发生了不少变化，传统环保领域的竞争也愈发激烈，正当同行们为将来何去何从愁眉不展时，桑德集团的总裁文一波已经带领他的团队翻开了新的篇章。

　　桑德从固废处置，延伸到环卫清扫，跨界到+互联网，形成环卫+垃圾箱管理+公厕管理+广告经营模式；从再生资源服务平台易再生的O2O体系，到供应链金融，形成

再生资源最大的交易平台。与此同时，它还从传统环保领域，发展到新能源锂电池＋互联网，再到充电桩＋互联网，目前正计划把存在局限的停车场连接起来，打造分时共享停车，朝着城市服务转变，将来利用环卫网络，打通快递物流业务。

至此，让我们来"总结"一下桑德到底是做什么的：环保公司？环卫企业？物流公司？广告公司？似乎全是，似乎又全不是，它更像是一家无边界的互联网公司。也许，未来的它，还可能会成为智慧城市的服务商。

其实，"＋"思维并不复杂，无论你从事的是什么业务，做的是什么生意，都可以在模式上运用"＋"思维去拓展空间。如果你是做互联网的，那你可以实现"互联网＋"，"＋"上的是旅行，就造就了途牛、携程、去哪儿网；"＋"上的是住宿，就出现了蚂蚁短租。如果你是做土壤修复的，那你可以实现"土壤＋"，"＋"的后面可以是养老、休闲、娱乐、公园、旅行，甚至可以是墓地！总而言之，可以有两个方向：一是从互联网向传统领域渗透，实现"互联网＋"；二是传统领域触网，实现"＋互联网"。不管是哪一种，都离不开"＋"思维。

尽管"+"思维打破了产业边界，但它也不是盲目的，一定要围绕用户需求来展开。你一定要知道用户想要什么，紧贴用户的心，并进行换位思考，与用户成为一体，这样的无边界行走才不会误入歧途。

工业 4.0 ≠ 第四次工业革命

世界经济论坛主席克劳斯·施瓦布说："没有一个行业将不被这种力量所影响。"他说的"这种力量"，就是第四次工业革命。

第四次工业革命，如今已成为世界各国关注的焦点问题。在 2013 年 4 月的汉诺威工业博览会上，德国政府提出"工业 4.0"战略，这一战略的提出在全球范围内引起了新一轮的工业转型浪潮。美国提出了"工业互联网"的工业发展战略，还有一些国家也提出了自己的工业发展战略，与德国的"工业 4.0"战略形成呼应。

那么，到底什么是第四次工业革命？它跟"工业 4.0"

是不是一回事呢？

"工业 4.0"和第四次工业革命，在文字形式上很相近，提出的时间也差不多，因而许多人把两者混为一谈。实际上，它们的内涵和影响是不一样的，弄不清楚这一点的话，很容易导致传播了错误概念，给工作带来失误。

工业革命的本质，是人类认知能力提高促进生产力的提升。世界每出现一个革命性技术或新视角，人类的经济体制和社会结构都会发生深刻的变革。18 世纪中叶以来，人类历史上先后发生了三次工业革命。

• 第一次工业革命，开始于 18 世纪 60 年代，基本完成于 19 世纪 40 年代，开创了蒸汽时代，标志着农耕文明向工业文明的过渡，是人类发展史上的一个伟大奇迹。

• 第二次工业革命开始于 19 世纪 60 年代后期，开创了电气时代，电力、钢铁、铁路、化工等重工业兴起，石油成为新能源，加速了交通的发展，逐渐形成全球化的国际政治、经济体系。

• 第三次工业革命从 20 世纪四五十年代开始，开创了信息时代，原子能、电子计算机、微电子技术、航天技术、分子生物学和遗传工程等领域取得重大突破。其中，最有划时代意义的是电子计算机的迅速发展和广泛应用，它是现代信息技术的核心。

• 第四次工业革命，是什么革命？

同前三次工业革命一样，它也是起源于技术进步所产生的产业革命，是由人工智能、机器人、物联网、自动驾驶汽车、3D 打印等技术推动引发的。与前三次工业革命不同的是，第四次工业革命呈现出指数级而非线性的发展速度，其广度与深度也是前所未有的，它的影响是系统性的，不仅仅涉及工业自身，还会引起人类社会方方面面的改变。

第四次工业革命会导致各行各业发生重大的转变：颠覆现有的商业模式，促生新的商业模式，重塑生产、消费、运输与交付体系，改变我们的工作与沟通方式，以及自我表达、获取信息和娱乐的方式。与此同时，也会重塑政府、各类组织机构以及教育、医疗和交通体系。

"工业 4.0" 的范畴就没那么宽泛了，它是指通过信息化与工业化的深度融合，将生产中的供应、制造和销售信息数据化、智慧化，从而实现"智能制造"。虽然"工业 4.0"是根据前三次工业革命提出的第四代工业，但其对象主要是指工业，尤其是传统制造业通过信息化的改造、升级，最终实现新模式的生产与服务。

由此可见，"工业4.0"是涵盖在第四次工业革命里的，它只是局部地强调制造业或工业自身的进步，而第四次工业革命的影响是全方位的。"工业4.0"是指第四代的工业，或是更新形式的工业，它所指向的都是升级换代，可是第四次工业革命却不只是升级换代，而是"革命"，意味着有许多颠覆性的创新出现。

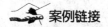 案例链接

西门子的"未来工厂"

24小时交货时间、每1秒钟出一个产品、合格率99.9985%、管理30亿的元器件、约1200名员工、5公里地下元器件运输带、磁悬浮运输带……看到这些数据的时候，你想到了什么？

没错，这就是德国西门子公司打造的"未来工厂"：平均1秒就能生产一个产品，且产品质量合格率高达99.9985%，其生产设备和电脑可自主处理75%的工序，只有剩余的25%才需人工完成。自建成以来，工厂的生产面积没有扩张，员工数量也保持不变，产能却提升了8倍，全球没

有任何一家同类工厂可以与之相媲美。

这不是对未来的幻想，尽管名为"未来工厂"，可如此智能化的生产场景每天都在真实地上演，这也使得西门子成为德国工业 4.0 的最佳示范单位。

许多人会问：西门子的这家超级工厂最大的闪光点是什么呢？

其实，就是机器控制机器的生产。在这里，你会看到每条生产线上都运行着大约 1000 台 SIMATIC 控制器，它们通过产品代码控制制造过程。控制器向生产设备发送具体的要求，以及下一步的工序，产品与生产设备进行通信，所有流程实现 IT 控制，并进行了优化。

不仅如此，就连原料配送也实现了自动化与信息化。在生产的过程中，如果需要某种物料，显示器就会进行提示，工人可以拿着扫描枪在物料样品上进行扫描，ERP 系统根据扫描信息，会启动自动化的物流系统到仓库领取物料，然后通过自动升降机，把物料传送到生产线。

有了强大的自动化设备，是不是不需要工人了呢？

当然不是。高度的数字化与自动化可以有效地提升效率，但工人也是必不可少的。西门子的"未来工厂"有 1200 名左右的员工，也是三班轮换制，每班大约有四百人。他们主要负责巡查，记录产品细节信息等，其中最重要的一项工作就是提出改善意见。仅一年里，西门子对提意见并获得采纳的员工发放的奖金就达到了 220 万欧元。

西门子的"未来工厂"，就是对工业 4.0 的一个绝佳解释。然而，这也只是朝着构建"工业 4.0"迈出的第一步，距离"数字和物理世界的无缝衔接"的场景，依然有很大差距。

未来，可期可待。

必须跨过的"积极性鸿沟"

绝大多数人对于第四次工业革命是否来到，并没有太多的感觉。可是，站在金字塔尖上的精英们，无论是科学界、商业界还是政界人士，都不会轻视这一场大变革。

就商界来说，许多行业的价值链都将遭到新技术的颠覆，不少企业已经开始引入新技术，采用全新的方式来满足消费者的需求。有些灵活的创新型企业，利用研发、推广、销售和分销领域的全球性数字平台，以更高的质量、更快的速度和更低的价格为客户提供价值，继而超越现有的成熟企业。同时，企业必须重新审视经营方式，因为现在的大趋势是从简单的数字化向复杂的创新模式转型，想占领新的价值前沿，就必须在相近领域开发新业务，或是在现有的行业中发现不断变化的价值点。

金融业在经历颠覆性的变革，P2P平台拆除了准入壁垒，降低了成本；投资领域开始应用全新的"智能顾问"，交易成本比传统费用更低。医疗行业也面临着如何整合利用物理、生物和数字技术的挑战。不夸张地说，在第四次工业革命的推动下，所有行业都朝着变革的方向发展。如果企业不能跟上趋势，故步自封，就将面临被淘汰的厄运。

不只是企业和政府面临全新的挑战和机遇，对每一个普通公民而言，也不能忽视这场变革的影响力。2016年世界经济论坛公布了一份有关科技发展促进就业的研究报告，结果显示：到2020年预计将有710万人失业，200万个新的工作岗位被创造出来，未来五年受到影响的人数达到500万人。

就像尤瓦尔·赫拉利在《未来简史》中谈到的那样：不管是体力工作还是脑力工作，凡是只需要机械式的重复某个或多个动作的工作，也就是不需要创造性与灵活性的，在一段时间的演变之后，这些工种终究会被人工智能所取代的，因为这些工作的思维是人工智能最容易掌握的。这就是每个人都要面对的未来，以及残酷的现实。第四次工业革命的来临，意味着个体一旦面临淘汰，改变命运的可能会变得更加渺茫。

对于正在发生的第四次工业革命，我们该用什么样的姿态面对呢？

未来学家玛丽娜·戈尔比斯曾表示：在数字时代，随着大型开放式网络课程等教育技术的投入，人们很容易就能在网上搜索到自己想学习的知识，彼此间获取知识的差距变得很小。可是，真正的关键点并不在于此，在相同的条件之下，未来最大的鸿沟是主动学习热情的差距，也被称为"积极性鸿沟"。咨询公司 Gen.Y 的 CEO 埃默森·乔尔巴认为，迎接第四次工业革命必备的品质中，有两点至关重要，即"社会自主性的发展"和"专注于深度学习"。

在万物互联的世界里，我们每天都会被动地接受大量的信息，少有机会进行自我思考，或是创造出自己的想法。对于那些信息的接触，几乎都是浅尝辄止，肤浅而快速地触及，很难真正地专注于一件事，进行深入学习，而这恰恰是获得进步和知识的必经之路。

积极主动的心态，踏实专注的品行，是这个时代无比珍贵的财富。许多成功的创业者，无疑都具备这样的品质。不少管理科学的研究结果都显示，企业老板越是具有主动性的人格，越能够在团队中形成知识分享的氛围，并有效带动团队成员的创新意识。

想不被第四次工业革命的浪潮淹没，想不沦为时代的"庸人"，就要努力跨过"积极性鸿沟"，不能只做看客或跟随者，要主动出击，保持终生学习的热情，培养运用四种智慧：

· 思维——理解和运用知识。

· 心灵——处理和整合思维及感受。

· 精神——运用自我、共同的目标、彼此间的信任和其他优势来影响变革。

· 身体——塑造和保持自己及身边人的身心健康，保证有足够的精力作为后盾支撑。

 案例链接

GE：工业互联网时代来了！

当第四次工业革命的浪潮席卷而来，立志于数字工业的

GE 已做好准备，无论是企业架构还是人事管理，都踩在了时代的节拍上。

有人会惊讶于 GE 的判断力，也有人会感慨 GE 的魄力，可 GE 大中华区总裁兼 CEO 段小缨却说，GE 也是处在不断摸索的过程中，有时未必知道答案是什么，但会根据外部的变化学着适应，再在过程中不断地进行调整。

在 GE 的企业架构中，核心是 GE 商店，围绕 GE 商店的四根支柱分别是：GE 数字集团、全球运营中心、研发以及全球增长组织。

GE 商店是一个虚拟商店的概念，意在让集团成为一个整体，在全球范围交流知识、技术和工具，实现研发共享、服务共享。这个虚拟商店提供给客户的是什么呢？是一种逛店的体验，告诉客户有什么技术，能解决什么问题。客户只需要面对一个入口，背后是整合而成的 30 万员工及各业务集团的产品，有完整而系统的解决方案。

在整合之前，分散在 GE 各业务集团的 ERP 系统有 500多种，数据类型和数据接口都不一样，让数据汇总分析变得格外艰难。而今，GE 实行数字化平台管理，这样的系统方便分析数据，通过与 GE 的 ERP 和 Oracle 对接，能够实现在采购部门的订单自动流转，再和下游的报关行业系统相对接，让采购流转更加完备，也让整个运行数据变得更加清晰。

全球运营中心将原来各公司或业务集团下辖的后勤部门集中起来，提供多个专业领域的服务共享。这种做法提高了服务效率，降低了成本，让各个集团更加专注于核心业务。GE 的数据显示，全球运营中心正式运营前，运营支出占集团一年销售额的 18%，而在 2015 年这一数字降到了 13.9%。

全球 500 强企业的 CEO 中，有超过三分之一曾服务于 GE。可以说，人才以及对人才的管理，是 GE 最核心的竞争力之一。GE 在个人考评方面，摒弃了业绩与价值观的模式，而采用业绩发展模式，更加注重对人的实时回馈和建议。年初，员工可以在评价系统中上传自己的年度计划；工作期间，经理会不定期地与员工沟通，并上传谈话记录。评价系统中有一个洞见模块，可供员工分享知识，或针对项目合作中的组员提出建议。在平等沟通的条件下，员工能够知道自己哪里做得好，哪里有不足。

GE 前董事长兼 CEO 杰夫·伊梅尔特认为，经营硬件的制造商想生存下去，必须认识到软件的重要性，制造业将比过去更加服务化。在制造领域风云突变的时代，对于大型工业设备企业来说，重要的是要像硅谷的风险企业那样不怕失败，向不断挑战新事物、具有速度感的企业文化转型。

　　GE 的一系列变革，都在彰显着一个事实：工业互联网时代已经开始了。

大数据，不只是数据那么简单

　　全球复杂网络研究权威、物理学家巴拉巴西通过研究提出：93% 的人类行为是可以预测的。这一结论是带有颠覆性的，如果真有 93% 的人类行为可以被预测，那么商业行为同样也能够进入可掌控的范围，而这个秘密就藏在数据中。

　　我们都留意到了这些事实：网页弹窗推销的商品，总是自己近期经常搜索却尚未购买的；图书购买网站推荐的书目，总是与自己的品位十分吻合；新闻 App 上推荐的文章，都是自己最关心、最爱看的……有人会赞叹广告很精准，推送很人性化，但其实这就是通过记录、分析个人网络操作数据，预测出个人行为的结果。

　　所谓的大数据，就是通过对海量信息进行分析，获得具有巨大价值的产品和服务，或是深刻的洞察。谷歌公司每天对数据的处理量，是美国国家图书馆所有纸质资料所含数据的上千倍；Facebook 每天更新的照片量超过 1000 万张，每天网友在网站上点击"喜欢"按钮或评论超过 30 亿次，这些都为 Facebook 挖掘用户喜好提供了大量的数据线索。

在大数据时代，没有任何数据是累赘，哪怕它看上去复杂、混乱。对人们搜索一个关键词的频率数据进行深入挖掘和相关性计算，都可以预测出某种趋势。对当今的企业来说，大数据是一项重要的战略资源，如果能看清大数据的价值并迅速展开行动，必然会在未来的商业竞争中占得先机。

大数据如此重要，但许多人不但不清楚它是什么，更不知道能在哪些方面挖掘出大数据的商业价值。根据 IDC（国际数据公司）和麦肯锡的大数据研究结果，大数据主要能在以下四个方面挖掘出巨大的商业价值：

• 对顾客群体细分，并对每个群体量身定做般地采取独特的行动。

• 运用大数据模拟实境，挖掘新的需求和提高投入的回报率。

• 提高大数据成果在各相关部门的分享水平，提高整个管理链条和产业链条的投入回报率。

• 进行商业模式、产品和服务的创新。

大数据打破了企业传统数据的边界，颠覆了过去商业仅仅依靠企业内部业务数据的局面，其背后蕴含的商业价值是不可小觑的。大数据在未来的企业中扮演的角色不是一个支撑者，而是直接影响决策的关键因素。

不夸张地说，几乎所有的服务行业都能够从大数据中获益，哪怕你觉得跟大数据没有任何关系，依然可以从中获益，比如医疗服务、教育、学习等。大数据能明显提升企业数据的准确性和及时性，降低企业的交易摩擦成本，更重要的是，它能够帮助企业分析大量数据从而进一步挖掘细分市场的机会，缩短企业产品的研发时间，提升企业在商业模式、产品和服务上的创新力。

总之，忽略大数据，就会被时代抛弃，每个领域都需要去拥抱大数据。

 **案例链接**

《纸牌屋》的数据生产力

2013 年，《纸牌屋》这部有关美国政治题材的电视剧火爆全球，它的制片方不是电视台，也不是电影公司，而是一家在线视频公司 Netflix。2013 年，这部电视剧给 Netflix 公司创造了 4800 万美元的净利润，比 2012 年同期增长了 500%！

《纸牌屋》的单集成本是 400 万美元，大大超过了制作标准。有人预算：拥有 3000 万注册用户的 Netflix，需要新增 100 万个一年期合约付费用户才能收回成本，这相当于增加 3% 的用户。看起来任务艰巨，要实现是挺艰难的，但 Netflix 最终做到了，并且获得了耀眼的成功。

借助 Netflix 骄人的业绩，很多人意识到"大数据"背后的商业价值。Netflix 本身是一个大数据运营商，拥有全球最优秀的用户推荐系统，它只需要抽取数千个样品用户，就能"算"出《纸牌屋》产生的强大数据库：3600 万用户的收视选择、400 万条评论、300 万次主题搜索……这些数据来自 Netflix 多年的积累，当用户通过浏览器使用 Netflix 账号登录网站时，Netflix 后台会把用户的位置数据、设备数据记录下来，就连用户收看过程中所做的收藏、推荐到社交网站等操作也会被收集成数据。

有了这些数据之后，Netflix 是如何利用的呢？它每晚都会进行一次分析，看看哪些节目的哪些情节最受欢迎。当观众打开《纸牌屋》第一集看了几分钟后按下"暂停"键时，Netflix 就会对这个动作进行记录、锁定和分析。可能你只是去了一趟洗手间，但在每天数以百万计的用户中，大量的人都在这里点击"暂停"，它就是传说中的"尿点"。同理，当大量的用户在同样的地方选择"快进"，就告诉我们"此处情节枯燥无聊，编剧导演们自己感受一下，之后类似的情节要减少"。

经过对一系列"大数据"的分析和不断优化剧情，《纸牌屋》第一季从最初网友评分 6.3 分，到后来一跃飙升到 9 分。一炮打响后，Netflix 趁热打铁，又相继推出《铁杉树丛》《发展受阻》和《女子监狱》。这些电视剧引起了广泛的关注和讨论，并获得了 14 项艾美奖提名。《纸牌屋》打开了影视生产应用大数据的阀门，使 Netflix 成为数据革命的代表。

案例链接

大数据时代最牛的"裁缝"

2012 年以来，中国服装制造业进入了低潮期，大批品牌服装企业遭遇高库存和零售疲软，企业经营跌入谷底。在一片低迷的形势下，有一家服装制作企业却通过大规模个性化定制模式，打破了冰寒刺骨的局面，迎来了春暖花开。就连海尔集团的 CEO 张瑞敏都命令所有的高管和管理人员，必须到这家服装企业参观学习。

这家企业并不是后起之秀，而是一家传统企业——青岛红领集团。

对服务业来说，最大的困扰在于，你很难预测市场的流行趋势：到底什么样的衣服好卖？供应多少合适？如果担心缺货，就得备足库存；如果担心库存积压，就得忍受缺货。况且，服装的款式实在太多，每一款衣服的销售前景都很难预测，这让服装制造商们左右为难。

如此艰难的处境下，服装企业该何去何从？红领集团找到了一条独特的生存之道：定制。它生产的每一件衣服，在生成订单之前，就已销售出去。尽管成本比批量制造高出 10%，但收益却达到 2 倍以上。红领有一套完善的大数据信息系统，目前每天可以完成 2000 件完全不同的定制服装生产，这些定制服装有 90% 供应到美国和欧洲市场。任何一位客户，一周之内就能够拿到自己所需的衣服，而在传统模式下，做到这一点通常需要 3 到 6 个月。

假设，英国客人 Jack 通过英国的经销商预定了一套西装。量体师当天登门量体，用 5 分钟的时间采集了 Jack 的肩、腰、臂、腿等 19 个部位的数据。Jack 可以自由地选择喜欢的面料、花型、色系、胸口袋等，并预定喜欢的里料、刺绣等细节，然后完成下单。这些定制数据和要求在下单的那一刻，就会进入红领的订单平台。

红领的生产车间内，每一个工位前都有一台电脑识别终端。Jack 的数据会通过红领的自动制版系统完成自动计算和版型匹配。负责生产过程第一个环节的工人，会实时观测订单的变化，核对订单中的 50 多个定制细节，之后将具体的要求录入一张电子标签中。

当数据系统完成版型的匹配后，信息会传送到布料部门，依据面料的尺寸，计算出最节约面料的剪裁方法。然后，工人可根据 Jack 对面料的需求，将其预定的面料放在裁床上，点击确认，机器裁床就会完成自动剪裁。面料剪裁好之后，再配合内衬一起夹在车间上方的吊挂上，附上客户信息的电子标签。

接下来，Jack 的衣料就开始在 400 道大小不同的工序里自动流转，工人通过电子标签对不同的工艺和数据进行不同的处理。最后完成制作的西装，会经过 25 个环节质检，查验制作是否符合客户的定制要求。待一切完毕后，Jack 的西装会通过空运，在他下单 7 天后送至他手中。

这一套定制生产流程，称为红领西服个性化定制（RC-MTM），包含 20 多个子系统，全部以数据驱动运营。这套系统是基于红领过去 10 年 200 多万定制顾客的数据进行深入分析后研发设计的，每项数据的变化都会同时驱动 9666 个数据的同步变化。依靠这套系统，红领的员工自豪地说：现在人人都是设计师！

移动互联网，涅槃重生的机遇

二十年前，Web 诞生了。面对这个开放而自由的新事物，用户主动搜索着自己需要的各种信息。那时会觉得，Web 真的给生活带来了极大的便利。

然而，任何事物都无法逃脱自然的生命周期，Web 也如是。当用户开始追求更加简单、时尚、便利、舒适的服务时，Web 逐渐退出了人们的视野，取而代之的是移动终端。

移动终端有多美妙？躺在床上就能阅读电子书，走在路上还能收发邮件，坐在车上可以跟朋友叙旧聊天，闲来无事

还能发发微博、看看新闻头条、玩玩游戏，不管在哪儿都能
实现购物、理财、看电影的需求。是的，宅在家里，就能拥
有丰富多彩的生活。

这，就是移动互联网的曼妙。业内人士预测，移动技术
和社交网络的合力，在经济领域的影响力会不断增强，在未
来 10 年将提升世界上 50% 国家的国内生产总值，并将最终
改变商业、工业以及整个经济。

 案例链接

别再把 Facebook 当成社交网站了！

提起 Facebook，但凡与网络打过交道的人，几乎都知
道。这家美国知名的社交服务网站，拥有来自全球的 22 亿
用户。这是什么概念呢？也就是说，它的规模几乎占据全
球人口的三分之一！Facebook 的主要投资人之一米尔纳说：
"Facebook 是有史以来最大的网站，如此之大，以至于已经
不再是一个网站。"

这样的说法，其实一点都不夸张。Facebook 的用户呈现
出爆炸级的增长，这让 Facebook 拥有了大量的数据。大数据
的效用，我们在前面已经谈过，它绝不仅仅是一些枯燥的数

据，藏在数据背后的商业价值，才是真正的宝藏。Facebook 通过这些相关的数据，预测经济发展、消费需求等，实现个性化的广告匹配，大大地提升了广告效果，继而引来更多的广告投资商，获取更多的盈利。Facebook 旗下有三大利器：Instagram、Whats App、Messenger，它们几乎完全主导了未来的移动社交市场。不少外行人都以为 Facebook 只是一家社交服务网站，实际上，做广告的一站式服务商，才是 Facebook 在移动互联网时代的商业逻辑。

移动互联网的出现，让人类的生活产生了翻天覆地的变化，它消除了空间距离，模糊了时间界限，只要用户愿意，可以随时、随地、随心地办公、娱乐、支付、社交。就像马化腾所言，移动互联网不只是延伸，而是颠覆。移动互联网正在颠覆我们的产业结构，正在逐渐颠覆我们的业态，颠覆我们的生活。

至此，你还会认为移动互联网只是一个工具吗？如果传统企业依然抱着这样的想法，那就真的错了，正确的打开方式应该是，通过互联网来实现重构。毕竟，这种新形势已经促成了一种全新的竞争格局，顺应趋势而变，是传统企业存活下去的自我救赎。

AI 带来的不是摧毁，而是价值提升

对于人工智能的研究，从 20 世纪 50 年代开始就一直没有停止过。可是，这一领域始终不太受人关注，进展得也很缓慢，还备受质疑。然而，当谷歌 AlphaGo 大胜围棋九段李世石之后，人工智能开始进入公众的视野，成为最热门的话题之一。

阿里巴巴首席战略官曾鸣指出，未来商业的决策会越来越多地依赖于机器学习、依赖于人工智能，机器在很多商业决策上将扮演非常重要的角色，它能取得的效果超过今天人工运作带来的效果。人工智能领域的专家及未来学家雷·科兹维尔则表示："预计到 2020 年，人类将借助逆向工程研发出人脑；到 2030 年，计算机智能水平将会与人类相当；到 2045 年，人工智能将引领全球科技发展。此后，人类所掌握的科技将产生质的飞越。"

不管这些预言能不能实现，人工智能即将迎来爆发式增长已经成为必然。随着人工智能向诸多领域的不断渗透，越来越多的产业格局将会被打破。尽管大势如此，可现实中依然有许多人对人工智能充满了疑惑和误解。

人工智能就是机器人吗？

正解：人工智能是包含大量子领域的全部术语，涉及广泛的应用范围。

人工智能是一项技术？

正解：人工智能包含许多技术。在具体的语境中，如果一个系统拥有语音识别、图像识别、检索、自然语言处理、机器翻译、机器学习中的一个或多个能力，就可以认为它拥有一定的人工智能。

人工智能的产品距离我们很遥远？

正解：现实生活中，AI 技术的使用是很广泛的，比如邮件过滤、个性化推荐、微信语音转文字、搜索引擎、机器翻译、自动驾驶等。

人工智能会在短期内取代人类的工作吗？

正解：人工智能虽然已经在围棋领域战胜世界上最强的职业棋手，但要自主创作出畅销作品，可能还需要 50 年。工具型人工智能和人的能力在许多情境下是互补的，短期内可能出现的状态更多的是人机协作。

事实上，人工智能（Artificial Intelligence）简称 AI，是研究、开发用于模拟、延伸和扩展人的智能的理论、方法、技术及应用系统的一门新的技术科学。它是对人的意识、思维的信息过程的模拟，在计算机领域内得到了广泛的重视，并在机器人、经济政治决策、控制系统、仿真系统中得到应用。

智能化离我们越来越近，智能化产品也不仅限于智能机器人，还包括各种各样的智能产品，如可穿戴设备、智能家电、智能家居等。现在，不少企业都在开发研究智能化产品：美国的音响制造商 SONOS 开发全球智能音响，用户使用智能终端上的 App 来遥控 SONOS 播放器，播放音乐；小米智能手环可以帮助用户改善健康状况，有记录全天的运动量、睡眠质量、智能化闹钟提醒等功能。智能化穿戴不仅仅有手环，还有具备定位功能、防止儿童走失的智能手表；可以测试用户心率、体质的智能化跑鞋。这些产品都在提醒我们，智能化的生活时代已经到来。

智能化不仅影响着普通用户的生活，也影响着生产制造业。世界各地纷纷出现"智慧城市""智能工厂""数字化车间"，前面我们讲到的红领集团，也是智能化工厂的一个典型。智能化生产大大地提高了生产效率，解放了劳动力，增强了企业的竞争能力和优势。可以说，未来的五年到十年，智能化工厂是一个不可逆的发展趋势。

无论是智能生活，还是智能生产，都跟我们息息相关。在移动互联网的影响和推动下，传统企业的升级换代会进行得更加全面、更加深入，而这种改造的一个重要因素就是"连接"。连接是一切可能性的根基，"互联网＋"生态就是建立在万物互联的基础上，这种力量带来的生产力的解放和能量的释放，会呈现出几何级数的增长。

人工智能的诞生，并不是为了摧毁传统行业，而是帮助企业用户利用新技术去提升自身价值。未来的市场竞争，拼的不仅仅是财力和实力，还有思维和观念。传统企业能意识到这一变革趋势，并且迅速赶上，是成功升级的重要前提。

案例链接

阿里巴巴 VS 京东：智能化电商进行时

在 2017 年世界电子商务大会上，致力于人工智能交互技术的智齿科技联合创始人彭伟说："目前，机器人已经可以为电商企业的用户解决 40% ~ 60% 的问题。当机器人遇到处理不了的问题交给人工处理的过程中，机器人还可以继续为人工做辅助，从而可以提升 60% 的服务效率，而将人工的服务成本降低 30%。"

人工智能俨然是新时代的发展趋势之一，作为国内最大的两个电商平台阿里巴巴和京东，也都在致力于人工智能这一领域的研究，不断地将产业链智能化。

阿里巴巴的搜索功能十分强大，其核心就是一个巨大的推荐引擎，而这个引擎就是人工智能的应用，目的是让每一位用户都可以得到个性化的服务，找到自己喜欢的产品，获得想要的服务。

每一年的"双 11"，天猫的成交量都是惊人的。很多人都在想：这样的特殊时间段里，阿里巴巴公司的人肯定要"忙疯"了吧？事实上，真正疯狂的只有消费者，阿里巴巴公司大部分人都和平时没什么两样。因为，在这一天里，用户该看到什么样的商品，选择什么商品，要为下一个用户推荐什么商品，这些全都是机器自动完成的。阿里巴巴运用人工智能将平台智能化，极大地提升了用户网购的体验感，如此强大的智能化搜索引擎让阿里巴巴成功俘获了千万消费者的心。

对京东来说，最热闹的日子莫过于"6·18"购物节，消费者的热情非常高涨。2017年的6月18日当天，购物节刚开场10分钟，很多商品的销售额就超过了2016年6月18日全天的额度，活动期间累积下单金额超过1100亿元。消费者的数量庞大，咨询的人数必会增多，人工客服显然无法满足用户需求，为了防止用户流失，京东应势推出了智能客服机器人JIMI。

JIMI，就是京东智能客服机器人，它能在接收到用户的沟通需求时，迅速完成语音识别、需求分类、互动沟通、购物疏导等多个复杂环节。过去，利用人工客服处理同类别的问题，需要10~15分钟，而智能客服应答只需要十几毫秒，解决问题也不过1~2分钟。京东提供的数据显示，在"6·18"当天JIMI机器人总计完成百万次客服任务，咨询满意度超过80%，不仅降低了人工成本，还满足了消费者的需求。

　　人工智能已经成为各大电商在市场竞争中的重要切入口，谁能将电商与人工智能完美融合，谁就是这场"战役"中的赢家；如果依旧在原地踏步，很快就会被时代的浪潮淹没。

第 二 章

求变思维：旧思路上求变，
新思维中破局

在商业的世界里，所有持续不断的变化，都是为了持之以恒的美好。要捕捉变化的规律，就必须回归到不变的部分去看待变化，那就是商业的本质。以不变应万变的深意，并不是始终保持不变，而是看透什么变、什么不变，培养出应对变与不变的思维，以及会变的能力。

别质问谁动了奶酪，去寻找新的奶酪

风靡全球的畅销书《谁动了我的奶酪》，生动地阐述了一个生活真谛：变是唯一的不变。书中的"奶酪"，是多重事物的象征——工作、健康、人际关系、金钱、情感，看似简单的故事里，提示着在变革时代笑对变化、成功破局的方法，同时也带给读者面对改变与危机的新视角。

两只小老鼠和两个小人住在一座迷宫里，为了填饱肚子和享受乐趣，它们每天都在迷宫里跑来跑去，寻找一种叫奶酪的食物。有一天，它们同时发现了一个储藏着大量奶酪的仓库，就开始在那里构筑起幸福的生活。过了许久之后的某日，奶酪突然不见了！

面对这个突如其来的变化，两只小老鼠迅速穿上鞋子，开始出去寻找。很快，它们就找到了更新鲜、更丰富的奶酪。两个小人面对变化心情很沮丧，烦恼丛生，他们始终无法接受奶酪已经消失的残酷现实，一直质问着、抱怨着：谁动了我的奶酪？经过许久的思想挣扎，其中的一个小人终于冲破了思想的束缚，穿上搁置已久的跑鞋，重新进入漆黑的迷宫去寻找奶酪，最后它成功了。剩下的另一个小人，在无限的追问和怨怼中，郁郁寡欢。

故事的梗概就是如此，那座迷宫像极了我们生存的时代，充满着无限的变化；两只小鼠和两个小人的选择，亦犹如在浪潮中挣扎求生的企业。

2009 年 8 月 17 日，创刊 77 年、曾经风行全球、月发行量高达 1700 万份的美国《读者文摘》申请破产保护。2012 年，德国三大纸媒巨头《纽伦堡晚报》《法兰克福论坛报》《德国金融时报》先后宣告停刊。2013 年 8 月 5 日，曾经以最先报道涉及尼克松总统的"水门事件"而闻名于世的《华盛顿邮报》以 2.5 亿美元出售给了亚马逊公司创始人贝索斯。

这些纸媒的破产，不过是传统行业跌落大军中的冰山一角，餐饮、旅游、零售业等其他传统行业，近几年的销售额也都呈现出下跌的趋势。2012 年是中国经济发展的重要时点，产能过剩、成本上升、结构调整等一系列问题凸显，也是从那一年开始，许多传统企业开始发现自己的"奶酪"不见了，日子变得格外艰难。

百度掌门人李彦宏，也曾在百度联盟峰会上表示：中国的互联网正在加速淘汰中国的传统产业，这是一个很可怕的趋势。毕竟互联网在整个中国还是一个小的产业，互联网以外的产业是更大的产业，而每一个这样的产业都面临互联网产业的冲击，当然站在互联网人的角度来说，我们面临着的几乎是无限的机会。而无线互联网商业模式的进展，仅仅是我们看到的整个产业大潮中一个很小的部分。

在如今快节奏的生活里，大批的消费者在互联网的引导下改变了原有的传统的购物消费模式。适者生存，如果传统行业拒绝转型，不主动适应现有的市场环境，拒绝向互联网靠近、融合，那么最终将消失。

面对这一场前所未有的严峻考验，传统企业的经营者很焦心：想跟上时代的脚步，突破现在的僵局，可是花了很多钱，尝试着转变，却一直没有效果；脑子没有年轻人灵活，不懂网络，不懂技术，不知道该往哪儿走。

迷路——用这个词语来诠释传统企业的处境和心情，再贴切不过。然而，想要找到出口，必须弄清楚，为什么会迷失方向，到底是被什么东西蒙蔽了视线、打晕了头脑。

"活不了又死不起"背后的罪魁祸首

当前，有些传统企业陷入"活不了又死不起"的困局中，尽管完成了资本的原始积累，可再想腾飞一下，却变得异常艰难。怎么办呢？放弃肯定不甘心，往前走又迈不开步，唯一的出路就是想办法转型或升级，给企业插上一双翅膀，越过这个鸿沟。

说来容易做来难，多少企业都有想法和愿景，却因为各种阻碍，只能让行动停留在纸面上。到底是什么阻碍了传统企业打破僵局呢？

·罪魁1：对环境变化不敏感，危机意识太薄弱

在舒适的环境下享受着"奶酪"带来的美妙体验时，很

少有人担心奶酪会不见。可当那些曾经称霸世界的行业巨头逐渐走下坡路，甚至销声匿迹时，多少人才发现："惹不起，躲得起"这一条人生哲学已经失效了。面对互联网的冲击，不是企业躲在边上当旁观者，就能安身立命、保全自己。互联网把所有的人和物都联结在一起，市场上已经没有孤岛了，整个世界都要奔着全球化的趋势前进。这些问题不只是别人的事，迟早有一天会降临到自己头上，只是有一个"时间差"而已。

说到底，出现问题并不可怕，真正可怕的是，对问题的漠视，认为别人的问题跟自己没关系。殊不知，企业发展到一定程度，就会出现那个阶段特有的问题，这里存在一定的必然性，就如同是必经之路，根本不可能绕过去，一定得有心理准备。

· 罪魁 2：躺在成功上睡觉，不愿意"归零"

为什么奶酪会消失不见？就是因为没有事先预见到环境的变化，等到觉知的时候，往往已经晚了。通常来说，成功的企业都有自己的情结，习惯把优质的人才和资源配置在过去自己成功的事业上，企图通过追加投入挽救已经日渐式微的事业，或是让过去的事重获新生。比如，不少企业最喜欢讲"二次创业"，用的却是"新瓶装旧酒"的做法，很难让企业彻底摆脱衰败的命运。

经营惯性的表现是路径依赖，而路径依赖的本质是能力依赖。当严峻的外部环境逼迫企业走出舒适区时，许多企业已经积重难返了。不能适应新环境，不能打破过去的思路，不能抛弃让自己沾沾自喜的制造能力，不能远离那些假大虚空的口号，不能把自己"归零"，就很难客观地、理性地看待市场变化，看待自身的问题，看清未来的趋势，最终的结果自然就是，很难找到破局的出路。

企业想实现可持续发展，一定要有"归零"的心态，敢于"革自己的命"。如果市场环境不变，过去的经验就是可行的；如果环境不断变化，企业的经营管理体系每隔几年就要与时俱进地进行调整，一定要从"后知后觉"转变成"先知先觉"。

罪魁 3：忽略问题的根源，仓促变革

任正非说过，没有理论的突破，小改小革就是一地鸡毛。

许多企业的管理者习惯在既定的框架内围绕细枝末节进行修补，缺乏系统的思考，全然不知道问题的根源在哪儿。

这就成了只顾着低头拉车，忘了抬头看路，导致企业各个业务板块之间的交流大都停留在业务流程衔接上，没有从更高的视野去进行优化和重新布局。

虽说企业经营的过程就是不断解决问题的过程，可如果忽略大环境的变化，用旧思维处理新问题，无异于刻舟求剑。解决问题最佳的措施应当是格物致知，不能局限于问题本身，要多观察、多思考，关注方案和方法的有效性。

罪魁 4：陷入薄利经营的怪圈，缺乏造血能力

有新生就会有淘汰，有创新就会有落后。产品同质化与产能过剩，致使中国市场出现超竞争状态，企业陷入了囚徒困境之中：不断地加仓制造和降价，试图通过体量优势来打价格战，这种经营模式又加剧了产能过剩，形成恶性循环，没有资金和精力去进行产品研发，更难以进行客户互动。比如，某印染企业，年销售额40多亿元，利润2000多万元，利润率只有0.5%，企业哪有余力搞创新。这个数字真是触目惊心！

多数企业管理者会把这一切肤之痛归咎于人工成本上升、政策监管加码以及税费水平提高等外界因素，但从理性的角度来看，人工成本上升是社会进步的必然，谁也不能阻挡历史的车轮往前走。唯有敢于正视现实，才能直面问题。

脱胎换骨，从打破惯性思维开始

从前面列举的各种问题中，我们不难看出：许多企业面对复杂多变的经济环境，依旧活在钝感与抗拒中，未曾意识到大环境的改变，抑或不愿意迎合浪潮，幻想着能维持现状就好。市场是无情的，竞争是惨烈的，原地踏步只是一种美好的憧憬，不进则退才是赤裸的真相。

马云说过：IT 发展时代越强，数据时代阻力越大，在数据时代碰上最大的阻力，不是（来自）那些贫困的地区，而是上海、江苏、浙江、广东那些 IT 技术设施越好的省份，越不愿意接受数据时代的技术，而那些贵州、云南贫困地区，原来 IT（基础）不够好的地区，一下子把握机会，面对未来创新。这无疑在警示企业经营者：不是技术让你淘汰，而是落后思想让你淘汰，不是互联网冲击了你，是保守的思想、昨天的思想、不愿意学习的惰性淘汰了你，是自以为是淘汰了你。

　　天上的云已经变了，传统企业就要抛却过往的成功经验，在新的环境中学习新的商业技能。微信诞生于 2011 年，至今不过几年的时间，但这种新的营销工具和新的营销环境，却让所有人都不得不审视和调整旧的策略，抱着传统营销的策略或是抱着微博时代的经验，都只是"自杀式"的固执。经营的理念和方法，一定要与时俱进，而这一行动的起点，就在于理念的转变。

　　有一篇叫作《鹰的重生》的故事，曾经震动和激励了商界的不少企业家和管理者。

　　老鹰是世界上寿命最长的鸟类，大约能活到 70 岁。然而，在它 40 岁左右时，必须要作出一个艰难而重要的决定：那个阶段的老鹰，爪子开始老化，无法有效地抓住猎物；它的喙变得又长又弯，几乎碰到胸脯；翅膀也变得很沉重，飞起来很吃力。面对这样的变化，老鹰只有两个选择：要么等死，要么"重生"。

　　重生，必得经历一番痛苦的蜕变历程。在长达 150 天的时间里，老鹰得尽全力飞到山顶，在悬崖上筑巢，停在那里，用它的喙击打岩石，直至喙完全脱落。然后，静静地等待新的喙长出来，再用这个新喙，把指甲逐一地拔掉；等新指甲长出后，再用它拔掉身上所有的羽毛。直到五个月后，新羽毛长出来，老鹰就可以重新飞向天空，延长三十年的生命。

这虽然是一个故事，现实中老鹰的蜕变可能不像故事讲的这样，但这并不影响我们来理解这样一个道理：脱胎换骨从来不是容易之事，蜕变，固然伴随着疼痛，但蕴育着重生的机会。摩托罗拉和诺基亚等传统手机巨头，就因理念转变得太过缓慢，才酿成一夜崩塌的悲剧。然而，GE、可口可乐、海尔、苏宁等老时代的商业精英，却选择了老鹰式的蜕变，最终换来了新商业时代的重生。

哈佛商学院教授约翰·科特对大量的大型企业进行了变革研究，上百家企业都希望通过重新定位而赢得更多的市场竞争优势，其中有一部分成功转型，但更多的却以失败告终。究其原因，无非还是传统思维在作梗。

许多企业习惯按照过去的思维来观察现在、预测未来，但这种思维惯性有很大的局限性，会使判断的正确性受到巨大影响。可以说，思维惯性是传统企业在互联网时代最大的"隐性病"。诺贝尔奖获得者巴里·马歇尔曾经说过这样一番话："拥有丰富旧技术的人永远不会去拥抱新技术，反而是外部人，这些外部人，由于不能从现状中得到任何好处，更希望改变。"

作为企业的管理者，在这个巨变的时代，该如何对待投身多年的公司和行业？正如我们前面所说，想躲在熟悉的环境里，保留一份"踏实"，拒绝新环境、新技术，不想做出改变，最终只会变弱，甚至消失。五十年前，日本出现了索尼、丰田、本田和佳能等公司，可是近二十年，却再没有"破坏性"的新企业问世，而这直接影响着日本经济的增长。

互联网的存在，让我们每天都能接触到大量的信息，这是好事，也是坏事。企业管理者面对各种流派的理论和繁杂的信息，犹如置身一个不确定的世界中，很容易被碎片化的信息干扰。在不清楚大环境和大趋势的情况下，又如何启动改革与变化呢？

穷人和过于忙碌的人都有一个共同的思维特质，就是注意力被稀缺资源过分占据，导致认知力和判断力的全面下降。这一效应对企业的改革创新同样适用，长期的资源稀缺会培养出"稀缺头脑模式"，导致失去决策所需的心力——哈佛大学终身教授穆来纳森把它称为"带宽"。传统企业若只顾着满足眼前所需的话，是不可能有"带宽"去考虑投资与发展的。

概括起来就是，企业真想脱胎换骨，第一步就是跳出舒适圈，打破思维惯性。

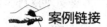 案例链接

菲利浦：创新是"我"的基因

企业是产业链条上的一个节点，如何获得技术、原材料，向哪里销售，在很多传统企业那里已经成为固有的模式，而这种模式的效率很低。想跟上时代的节奏，企业在每一个环节上都必须打破惯性，跳出固有模式，建立新模式。在这方面，菲利浦做得非常到位，它完全把创新当成了自己的基因。

菲利浦原本是一家业务庞杂的电子公司，历经十几年时间的转型，如今已成为核心业务集中的多元化公司。现在，它的核心业务只有三个领域：医疗保健、照明和优质生活。

许多企业都知道做产品"少就是多"的道理，可至于如何调整战略、如何有选择性地拓展业务和关停业务、重点发展哪些业务，却是一头雾水。事实上，企业的调整转型，依据的就是要符合社会、经济的发展趋势以及行业发展的状况。菲利浦制定的大中华区"2015策略"就迎合了这一点，它选择把安全健康美食、空气净化的产品作为重点业务，就是考虑到中国消费者的生活水平以及对健康和环境的重视。

作为一家大型的跨国企业，菲利浦很重视技术应用的创新。他们开发了一个技术平台，一项新技术开发出来，稍微进行一下改造，就可以在全球市场应用，这种创新极大地节约了开发成本。举个例子，它为中国消费者量身设计的面条机，在应用上稍微调整一下，就变成了深受欧洲市场欢迎的意大利面条机；菲利浦中国团队研发的太阳能路灯体系，如今已应用于全球市场，适应了全世界对节能减排的环保要求。

在商业模式上，菲利浦过去是销售产品，而今是销售服务。就拿菲利浦照明的经营模式来说，过去是以销售和安装灯具为主，现在它的服务模式更新了，比如为洛杉矶地区的停车库安装 LED 灯，它还会跟这些地区签订为期十年的照明服务合同，包括利用传感器实现照明智能化的服务，通过这些后续的服务，让销售增值。

在工作流程方面，以往一个产品从想法的雏形到设计、规划、加工、上市、销售等数十个环节，必须要等一个环节完成后，才能进入下一个环节，如果一个环节出现了问题，就会影响整个流程的正常运转。为了消除这种弊端，菲利浦现在采用的是"端到端"的模式，即各个环节并行工作，每个"端到端"的团队都整合了各部门的资源，实现管理的扁平化，加快了企业创新和发展的进程。

主动革命是重生，被动革命是灭亡

除旧迎新，不破不立，告诉我们的都是同一个道理：只有消除旧的、过时的东西，才能建立新的规则和秩序。传统企业要重构亦是如此，必须要忘记过去的一切，哪怕是成功和优势，这样才能重新确立出发点。这就等同于让企业自己革自己的命，需要有自我颠覆的勇气和决心。

为什么一定要这样做？华为公司的总裁任正非说过："创新就是在消灭自己，不创新就会被他人消灭。"换而言之，今天你主动革自己的命，换来的可能是重生；等着明天别人来革你的命，结果就只有灭亡。可持续发展的企业，必定是与时俱进的企业，不懂得顺应时势，固守过去的经验和成就，就会生出怠惰的心理，结果自然会被那些及时认清形势、及时调整战略的企业超越。

在这个万物互联的时代，再强大的企业也无法征服所有的领域。诺基亚退出市场就是一个典型的案例，它推出的移动互联网 Ovi Store 比苹果的 Apple Store 和谷歌的 Play Store

都要早，但它却没有像苹果和谷歌一样获得持续的成功，原因就在于它没有及时转变思维，还停留在过去的商业模式上。商场上不存在一劳永逸之说，一场成功无法代表未来，所有过去的胜利都不重要，重要的是能否在下一场战役中胜出，只有秉持这样的理念，才有可能获得可持续发展。

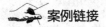案例链接

柳传志：敢于否定自己，但从不盲目

　　年过七旬的联想创始人柳传志，对于新兴的商业趋势依然很敏感。他跟年轻人一样，喜欢听"罗辑思维"，还开设了个人的微信公众号，并有属于自己的一套"互联网思维"。做企业三十余年，柳传志经常会有这样的感觉：以为已经掌握了某些规律，已经形成一套做法，按照这个做法继续下去，就会取得成功。可是后来，又有一些新事物产生，它们远远超出了自己的认知，再按照过去的思路行事，肯定会碰壁。唯一的办法，就是认真去对待每个新事物。

　　柳传志对于互联网、移动互联网的研究方式很简单：不断地听，不断地看，不断地讨论，不断地跟随。结合自身的实际情况，逐渐就能悟出真谛。在每一次转型的过程中，柳

传志都秉持忘记过去、重建原点的决心和勇气。联想的战略原点，简单来说就是——建班子、定战略、带队伍。

企业做到一定的规模，一个人不可能处处兼顾到，就需要"建班子"。建好班子之后，工作怎么展开？今天做什么？明天做什么？什么时候产生利润？这就需要有想法和路线，就是"定战略"。一群人在一起工作，用什么方式考核？用什么方式工作？如何提高员工的积极性，提升总体效率？这就是"带队伍"的问题。

在互联网思维面前，传统企业是否能够进行组织系统的改造，是一件值得研究的事。在柳传志看来，这件事的基本点在于：能不能、敢不敢否定自己，乃至全盘否定自己？他说的"否定"，重点在于"敢不敢"，而不是真的要全盘否定。

人们大都习惯按照自己的经验来表达对某些事物的看法，思想可能会被束缚，也可能认识不够全面，因此需要否定自己，来获得全新的东西。但是，这种否定不能盲目，一定要想办法把事情弄明白：哪些东西是该否定的？哪些是该保留的？以互联网带来的变化为例，面对这一形势，思想不能乱，也不能急着把过去的所有都推翻，如果这么盲目行事的话，原本不死的企业会被倾覆。

2000 年的时候，联想制定了一个多元化的策略，除了做

PC（个人电脑），还要拓展软件、系统集成业务。可惜，经过几年的转型，始终没有成功。2003年，联想否定了多元化发展的道路，开始朝着国际化的目标前行，开展海外并购，才造就了今天的联想。

在前行的路上，每个企业都可能会走弯路和判断错误，这也是一种常态。关键在于，在遇到问题时，有勇气否定自己，敢于去接纳和尝试新的事物。企业重构就是要对过去的很多东西进行调整和改变，而这一行动的前提就是敢于跟过去告别，敢于革自己的命。躺在过去的功劳上只会故步自封，时刻准备重新出发，才能走得更远。

成功的企业很相似，失败的企业各有不同

托尔斯泰在小说《安娜·卡列尼娜》里说："幸福的家庭都是相似的，不幸的家庭各有各的不幸。"如果把这句话套用在商业世界里，也是适用的："成功的企业大都是相似

的，失败的企业却各有各的不同。"

为什么说成功的企业大都是相似的呢？相似点在什么地方呢？如果你仔细琢磨的话，就会发现一个事实：许多知名的、处于持续发展中的企业，大都具备下列这些特质：

·洞察先机、预见未见的能力

正如本书在开篇时提到的那样："没有成功的企业，只有时代的企业。"成功的企业，从某种程度上来说，都是时代的企业。他们有预见能力，能够洞察市场的运行轨迹，更善于抢占先机。

·求同存异、和而不同的氛围

春秋战国时期，秦国广开言路，广纳贤士，择其优者而用，这为秦国最终统一天下奠定了良好的基础。成功企业也如是，从不会"一言堂"，而是有足够的气量去接纳不同的声音，敢于挑战权威，在思想的碰撞中找到最闪亮的"火花"。

·灵动活跃、能者有岗的做法

如果一个企业在招聘、晋升、考核标准和流程上完全按照一个模板进行，会错失大量优秀的人才。成功的企业在人才和管理流程上，都具备一定的灵活性，不会固守一个模式。这就使得思维灵活、能力出色的人有机会获得适合的岗位，发挥最大的价值。

上述这几点，综合来讲都涉及了一个问题，那就是企业是否具备创新性。当别人都采用同样的方式做事时，你是否敢于打破传统，另辟蹊径？当过去的某种模式给你带来了利益时，你是否舍得放弃部分利益，去开创更能顺应新形势的空间？很多时候，不是非要到了生死的临界点，才想起用创新去博一把，而是把创新当成一种习惯，赢时亦要思变。

对传统企业来说，创新的前提是克服路径依赖，敢与过去决裂，切断对传统优势的依赖。

·切断滞后的管理体系

扼杀创新的元凶之一是循规蹈矩的管理体系。你要时刻思考：我的管理手段是否滞后？管理理念和管理体系是否跟上了时代的脚步？哪怕这种管理模式过去给你和企业带来过闪亮的荣耀，也不意味着它就得一直保留，企业需要的是最能够体现效率的管理手段。过去，可能依靠领导的权威就能让员工本分地工作，可当下的员工和用户，却不想被任何人管控和摆布。面对这样的情形，就要革新过去的管理模式，用全新的方式去激发员工的创造力和积极性。

· 切断一家独大的想法

互联网经济的特征是，企业无边界、管理无领导、供应链无尺度，这就意味着，企业顺应趋势的发展模式应当是开放边界、共生成长。华为的总裁任正非创设了财富与权力共享的模式；温氏集团创建了一个公司＋农户的组织模式与商业模式；云南白药控股集团选择了混合所有制改革的模式……它们的成功都证实了一点：具有互联网思维的企业，才能在这个时代如鱼得水，抱着一家独大想法的企业，必将没有立足之地。

· 切断过去积累资源的影响

在过去的发展中，传统企业积累了一定的资源，如员工、用户、合伙伙伴、经验、技术、资金，等等。然而，这些昨日的成功，往往会成为企业明日的桎梏。不少企业会依赖这些资源，试图继续通过资源战、价格战、广告战、垄断等来赢得竞争。

不能否认，这些办法在以前是奏效的，也给企业带来了益处。然而，时过境迁，在互联网时代，再用这样的方式就有点儿愚钝了。不能切断这些传统资源的影响，就没有精力和魄力去进行创新。不进则退的道理大家都懂，用不了多久，原来的优势就会成为一种负累。

不是最先进入市场，就能够高枕无忧。这一刻的成功，不代表下一刻就不被会淘汰。企业应当始终把目光和目标锁定在未来，不管过去多么成功，都要敢于说再见，进行彻底的格式化，腾出空间来创造全新的东西。如果你不往前走，你的对手很快就会赶上来，突破你的安全边界。

这倒不是说要把过去的优势也摒弃，可至少在习惯上要去克服路径依赖。在创新的过程中，既要探知风口的方向，不能因循守旧，也不能过于激进；既要勇敢尝试从 0 到 1 的突破，也要重视从 1 到 100 的积累。拿捏好分寸，才不会输掉未来。

 案例链接

亿超眼镜：传统眼镜产业的弄潮儿

一直以来，眼镜行业都被认为是一个非标准化的行业，信息集中度低、毛利率高、行业缺少标准和规范。无论是验光、测瞳距，还是镜架镜片的加工，都离不开线下。当其他传统行业纷纷试着拥抱互联网，开展电商模式时，眼镜行业

却像个慢悠悠的路人。

是不是眼镜行业不太适合发展互联网渠道？事实上，在线配镜具备了相当条件的O2O基因，之所以没能够快速跟上形势，更主要的因素在于，消费群体对配镜验光存在一定的误区，而眼镜行业本身的保守思想也制约了在线配镜的发展。除了同行业内人士，多数普通人对眼镜市场的了解基本还停留在"暴利标签"的初始阶段，对于眼镜行业如何销售、成本多少、如何营销、配镜流程等细节，知之甚少。

事实上，传统眼镜店去掉成本后，并没有很大的利润。可是，消费者却越来越难以接受眼镜的价格，结果就导致了死循环。各个眼镜店的投入越来越高，而销售业绩却不理想，可又没有更好的模式来突破。

各个行业和领域，总会有第一个"吃螃蟹"的人。靠着卖眼镜起家的李昌利，1999年开始接触线下眼镜行业，他看准了眼镜行业O2O的市场前景，于2005年开设了国内第一家在线配镜的眼镜B2C商城——亿超眼镜。

把实体店搬到网上做电商，能够节约大量的房租成本和人力成本，让利给消费者，以物美价廉赢得竞争优势。相较传统配镜的烦琐程序，李昌利又提出了O2O上门配镜的商业模式。2014年12月，亿超眼镜推出上门验光服务，用户只需要在线上预约，亿超眼镜的专业验光师就会登门服务，且随叫随到，十分便利。

亿超眼镜上门配镜服务的O2O模式深受用户的青睐，也引发了不少同行竞争者的效仿。无论是大卖家，还是网上的新商家，都紧盯着亿超眼镜的动向，研究这个"拓荒者"的模式。作为亿超眼镜的掌舵人，李昌利虽是20世纪60年代出生的人，可他一直没有放弃过学习，也敢于创新。

"一时间的成功相对容易，但持续的成功十分艰难。我需要不断地学习，这样亿超才能走得更远。"这番话，是李昌利在读完吴晓波的《大败局》之后发出的肺腑之言。事实上，这番话对于所有的传统企业而言，都是一剂获得可持续发展的良方。

 案例链接

华为：从未停止过创新的脚步

提起华为，外国人是这样评价的："在过去的二十多年，全球通信行业的最大事件是，华为的意外崛起。华为以价格和技术的破坏性创新彻底颠覆了通信产业的传统格局，从而让世界绝大多数普通人都能享受到低价优质的信息服务。"

　　华为凭借什么获得如此高的评价，并一路走到今天？答案就是，技术的创新。华为成立于 1987 年，到 2018 年已有 31 年历史。这些年来，无论取得了怎样的成就，身处什么样的位置，华为都没有停止过创新的脚步。从 20 世纪 90 年代开始，华为就将销售额的 10% 投入到研发领域；华为的员工之中，有 45% 的人员投身于研发工作，可见华为对技术研发与创新的重视程度之高。

　　截至 2017 年 12 月 31 日，华为累计专利授权 74307 件；申请中国专利 64091 件，外国专利申请累计 48758 件，其中 90% 以上均为发明型专利。这个数量在全世界的知名企业中都是位列前茅的。

　　不断创新，就是华为成长的动力，也是它保持领先地位的根基。

不排斥不固化，正确打开互联网思维

　　说"互联网 +"是这个时代的大势所趋，没有人会反对。

当下，越来越多的传统行业都在遭受互联网的冲击，面临着互联网的挑战，也希望更好地理解互联网思维。这个出发点是对的，毕竟时代在改变，人的思想和企业的经营模式，都应当与时俱进。但有一点需要说明，如果错误地把互联网思维当成"包治百病"的万能药，无异于掉进了另一个偏执的深坑。

如果说商业思维是一个高层建筑，那么"互联网思维"就是目前最高的那一层，但我们能说，除了互联网思维之外，底下的那些楼层都是没用的吗？这个建筑的地基可能是哲学、经济学、心理学、行为学，是所在行业的科学与技术；底下的那些楼层，可能是营销学、管理学等，付诸思考如何开展商业的方法和思路。倘若只是单纯地看到互联网的优势，而忘却商业的本质，迟早会在这上面栽跟头。

网络上充斥着大量新鲜的、热门的词汇，看得人眼晕又焦心，生怕自己一不留神就被落在了后面。其实，仔细去探究那些字眼背后的内涵，会发现许多东西是一直存在的，只是说法不同。如果总是片面理解、字面理解、盲目效仿互联网企业的做法，是很容易在阴沟里翻船的。

当别人在谈"风口"时，其实就是在讲"形势"。从古至今，做生意都是在追随大的形势，是对战略环境有一个准确的判断后的行动。顺势而行，自然阻力是最小的，也更容易成功。只要有这种前瞻性的思维，能够看清当下的形式，并预测未来的发展趋势，就已经是站在"风口"了。

再说"用户体验"，日本、北欧和德国的产品向来都很注重用户体验，这也是它们风靡全球的原因。西方的消费品企业非常看重用户调研，其目的就是为了了解用户的感受。所以说，"用户体验"并不是新兴互联网企业创造的名词或模式，它一直都存在于商业之中，被不少的非互联网公司实践着。至于标签思维、简约思维、产品思维、痛点思维、流量思维等，大都适用于所有行业，在互联网时代之前，就已经被广泛运用了。

既然如此，为什么"互联网思维"一词会攀上"神坛"呢？

最直接的原因，就是一些企业不断壮大，从业人士变得愈发自信，他们需要一个词来表达和传统企业的区别，以此来区隔自己的身份。他们也预测到了未来的形势，那就是没有"互联网企业"和"传统企业"之分，所有的企业都会成为互联网企业。因为看明白了这一点，从业者难免会急于表达内心的激动。而2013年是国内互联网行业收获颇丰的一年，电子商务、新媒体斩获了大量的眼球，而政府对于创新型企业也格外重视，这就使得"互联网思维"一下子变得火热起来。

　　我们不得不承认，信息科技和互联网给我们的工作和生活带来了颠覆性的改变，但我们不必因此将其神化。做生意最重要的是了解商业的本质，如果不懂得这一点，那就成了无源之水。我们可以看到，无论"互联网+"的形式多么复杂，但互联网并没有改变人性。那些充满便捷、参与、体验、免费等字眼的热门文章，说得都对，可究其本质而言，人性依然是企业在推广策略和营销管理上最应关注的重点，而有些传统企业在这方面做得并不差。

　　任何时候，我们都要用辩证的思维去看待一个事物。对于互联网思维，不能仅从字面上去理解它，也不必将其神化，它是商业之战中锦上添花的利器，却不是独霸天下的"万能神药"。在应对时代的变化时，需要跟随形势作出调整和改变，充分利用互联网思维来完成转型升级，提高竞争优势。可也要明白，除了互联网思维，还有移动互联的思维、人工智能的思维，它们同样是值得运用的商业思维和工具。身处巨变时代，保持理智和冷静必不可少，既要有敏锐的嗅觉去探查变化，也要有淡定的心态透过表象去剖析事物的本质。

 案例链接

站在风口上，黄太吉为什么没飞起来？

说到煎饼，许多人不约而同会想到一个名字——黄太吉。

黄太吉是怎么火起来的呢？

自然也是跟随时代的浪潮，另辟蹊径，选择与传统餐饮不同的营销方式，黄太吉才异军突起。黄太吉的创始人亲自出马推广，利用新媒体发起互动，与用户互动在线上聚集粉丝，建立粉丝群，再利用事件营销、名人营销，博得大众眼球，一跃成为火热的互联网餐饮品牌。

然而，火热的形势并没有一直"热"下去。2016年，有关黄太吉的负面消息频频传出：曾经建好的10个外卖工厂店已经关闭过半，黄太吉精心搭建的外卖平台，也有一半商家撤离。雷军说过一句话，曾经振奋了无数人的心：只要站在风口上，猪也能飞起来。在黄太吉的身上，我们看到了互联网营销和互联网思维，可以说站在了风口上，但它却没能飞起来。这一实例，让许多企业主不禁反思：互联网思维真的有用吗？

互联网思维带来的益处是不可置否的，问题是：企业该如何看待互联网思维？如何将互联网与自身的业务相结合？

是否能够把线上营销和线下实体做得同样有品质？互联网营销也好，互联网思维也罢，讲的都是手法，而企业要走得长远，还得重视线下深耕。

黄太吉最初打造的互联网煎饼，在营销逻辑上比传统餐饮行业更胜一筹，迅速吸引了大众的目光。然而，餐饮行业的本质是什么？归根结底还是味道，是你的煎饼好不好吃。

大众点评的众多评论显示，黄太吉的煎饼没什么特色，甚至非常难吃。这就使得多数人都是冲着"黄太吉"的名气尝个鲜，然后就没有然后了，是"一锤子买卖"，不会再回头。在自身产品还没有做到优质、赢得广泛认可的情况下，黄太吉又开始贸然转型，做外卖工厂，建外卖平台，走得这么匆忙，走得这么仓促，失败也就在所难免了。

王健林在题为《万达的转型与挑战》的演讲中引用了经济学家许小年的一个观点：许小年教授的一篇文章写得非常好。他说，出现了蒸汽机，能说蒸汽机思维吗？出现了电报，能说电报思维吗？所有新的科技工具只是一种比较先进的工具而已，运用工具叠加了实业当中能产生巨大的价值，但是不能说这个工具叫互联网思维，其实"创新思维"比较合理一点。

对企业而言，无论是"互联网思维"，还是"创新思维"，都只是一个不同的叫法，真正去看的还是它背后的东西。对于互联网思维，既不要排斥，也不要固化，始终保持一个灵动的姿态。你可以去感观互联网，经过系列感观后，再与自身行业、企业的特点相结合，自然就会形成更切合实际的经营思维和决策。

形式纵有千变万化，商业本质不变

时代的发展，环境的骤变，思维的转换，这是任何人都无法阻止的更迭。企业能够做的就是认清趋势，顺应变化，摸清规律，顺势而为。重要的是，明晰规律后的变，乃是为了不变。

听起来似乎有些晦涩绕口，但其实就如我们上一节所谈，根本在于看清事物的本质。如火如荼的"互联网+"让不少传统企业深感恐慌，各种眼花缭乱的理论更是让其如身在云里雾里，不知所措。"互联网+"真有那么神秘莫测吗？

事实上，"互联网+"就是一个工具，它带来的是一种技术革命，从根本上让人类实现了个人联网、实时在线，能够无时无刻地连接。可是，无论它的形式如何变化，无论看起来多么不同寻常，它也无法改变商业的本质。

商业的本质是什么？两个字：买卖！连接是商业的前提，互联网所改变的就是连接的方式，让信息变得对称，改变了商业模式和效率，实现生产的工业化、体验的个人化。然而，商业思维并没有发生本质上的变化，它依然要最大限度地扩大销售、降低成本、创造价值、提升效率。

手工业时代的生产、销售环节，效率十分低下。那个时候的商业思维，大体就是把握供求关系，低买高卖。谁的消息更灵通，敢冒险、能吃苦，谁就能赚到钱。到了工业社会，大生产发挥了规模效应，航海技术日益发达，加速了商品的流通，教育的普及也促进了信息的流动。资本家通过提升生产和物流的效率来赚取利润。这个时期的商业思维，更侧重于关心规模和成本。

第二次世界大战之后，全球的运输业发展迅猛，大型企业都开始进行全球化采购、生产和销售。此时的商业思维是全球化、媒体、营销，究其本质还是规模效应，目的是为了降低成本，扩大市场占有量。紧接着，互联网降临了，信息流通的速度变得更快，极大地提高了生产效率，新一轮的成本降低潮来袭。后来，就出现了"互联网思维"。说法总在变，可本质还是企业价值链各个环节降低成本、提高效率、扩大规模。只不过，这一次用的是信息技术和互联网而已。

互联网思维，归根结底还是一种如何做生意的商业思维。商业的本质是买卖，而买卖的核心又是什么呢？这是值得所有企业深思的问题。营销做得再好，宣传做得再多，文案写得再棒，如果产品本身不够好，就像黄太吉的煎饼一样，等风吹过，不但不能借风起势，反倒落个满身灰尘。

我国管理学界知名学者陈春花在解释"生意的核心是什么"的问题时，这样说道："大量生产和大量消费不是最重要的商业逻辑，最重要的商业逻辑应该回归到可持续性。如果从生意的核心去理解，就会看到：我们今天看技术，不是看技术本身；技术所做的最重要的事情，就是为人类创造出舒适的生活空间。如果把技术和人类的生活空间做一个组合，我们可以理解技术的目的——释放人的生活，释放人本身，释放人回归到人类自己的命运和追求当中来……如果整个商业逻辑不沿着人本身的价值去追求，那么这个商业已经没有存在的意义了。"

其实，我们可以更简单地理解这番话：概念性的东西总是有生命周期的，来得快，去得也快。在千万变化的商业世界里，唯一不变的是质量、价值和诚信。想想看就知道：一个东西好与不好，口碑的影响力是巨大的，特别是在互联网时代。企业要获得可持续发展，无论营销的方式怎么变化，产品的质量是不可动摇的根基，唯有每一个细节都超越用户的期望，创造出让用户尖叫的服务，才可能在时代的浪潮中脱颖而出。

面对"互联网+"的浪潮，企业要跟随形势适当变动，但也要秉承商业的本质。从某种角度上来讲，互联网思维的本质是商业回归人性，产品与消费者之间不再是单纯的功能上的连接，消费者开始关注附着在产品功能之上的口碑、文化、格调、魅力人格等东西。这也促使企业未来要朝着"以用户为中心"的方向走，为消费者提供更多超出预期的增值服务，从而实现利润最大化和实现社会价值的经营目标。

第 三 章

用户思维：重新定义产品，把体验做到极致

> 在互联网时代的商业世界里，用户才是真正的主角，商家、企业和消费者之间是一种自由、平等的关系，不存在谁讨好谁、谁附着谁的问题，完全是因为产品的魅力而相互吸引，因真诚而相互交流，因信任而结成商业社群。

为什么是用户思维，而不是客户思维？

用户和客户，看起来极其相像的两个词语，让不少人将两者混为一谈。事实是这样吗？

每次苹果手机推出新品后，都会有父母掏钱为子女购买这一商品。对苹果公司来说，付款购买苹果手机的"父母"，无疑就是他们的客户，可真正使用苹果手机的人，却是这些客户的子女，他们才是用户。至此，谁还能说客户和用户是一回事？

别看"客户"与"用户"只有一字之差，两者的内涵截然不同。用户是产品的最终使用者，而客户不一定是最终的使用者；用户关心的是使用价值，而客户更在意的是价格。企业与客户的关系是基于交易，可用户却不一定是产品的购买者，企业与用户的关系是基于产品的使用价值。如果以客户为导向，那么营销策略就是奏效的；可如果以用户为导向，重要的就不是销售产品，而是销售用户体验。

过去的数十年，我们经常会听到"客户就是上帝"的说法，为什么要这样说呢？

依照传统的企业管理和市场营销理论，创新和销售是企业最重要的两项任务，而创新的目的是为了更好地销售。所以，企业的核心战略和终极目标，就都落在了"销售"上。我们说了，以客户为导向的话，营销策略就是有效的，为了完成销售业绩，企业就得费尽心思地讨好客户，不管对错，只要客户买单就算大功告成。

然而，"客户就是上帝"这句话的本意，真是让企业这样做吗？

很显然，是传统企业的理解出现了偏差。这句话真正提倡的是为客户做好服务，提高客户的体验满意度，而不是把客户当成上帝一样供起来。谁都知道，低声下气地讨好是不舒服的，可是为了盈利，企业还是会倾向于营造这种不平等的关系。结果可想而知，企业一步步地掉进了沼泽地：见钱眼开、唯利是图、夸张描述、欺瞒事实……企业不尊重客户，没有替客户着想，甚至欺骗客户，彻底伤了客户对自己的信任，多半成交变成了"一锤子买卖"，没有回头客。

　　相比之下，用户思维就不一样了。用户思维强调的是"以用户为中心"。我们都在用的搜索引擎，客户付钱做推广，但用户却可以免费试用；腾讯的微信和QQ，用户免费使用，但贡献的流量可被用于其他收费项目，甚至可以把流量卖给需要的客户。

　　我们愈发明显地感受到，在互联网时代的商业世界里，用户才是真正的主角，商家、企业和消费者之间是一种自由、平等的关系，不存在谁讨好谁、谁附着谁的问题，完全是因为产品的魅力而相互吸引，因真诚而相互交流，因信任而结成商业社群。

用户思维的逻辑：打动、认同、社群营运

　　仔细分析你会发现，用户思维涵盖了品牌营销中最经典的"Who-What-How"模型。Who，即目标消费者，最强大的流量主体；What，即目标消费者需求，用"兜售参与

感"满足用户的认同感和信任感，增强用户的黏性；How，即如何实现，途径就是全程用户体验至上。

·打动思维——用户思维把每一个消费者当成朋友

传统的客户思维都是通过一系列的广告和促销手段告诉客户，我的产品有多好，购买产品有什么样的优惠，诸如此类。这种告知的思维方式，目的很简单，就是为了促成交易。如今，依然有不少企业还在采用这样的方式。过去，消费者由于不太清楚"内幕"，听信广告或是销售员的推荐，稀里糊涂地就买了产品，最后却发现那些推荐言过其实，有被欺骗的感觉。

比起这种淡漠的、强制性的客户思维模式，用户思维就显得温情而人性化，它把每一个消费者都当成朋友，产品是彼此产生关系的唯一媒介。不需要过多的言语推介，只需要让用户尽情地体验，追求来自心底的打动。

·认同与信任的思维——用户思维创造极致的产品体验和身份认同

要调动消费者的快乐情绪，最好的方式是带给他们身心愉悦的感受。如何带给他们身心愉悦的感受呢？很简单，提供自由体验的机会。不少传统企业也意识到了这一点，但由于一贯的客户思维，他们让消费者体验的终极目的还是为了销售，美容业就是一个最典型的案例。

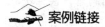 案例链接

美容院的免费体验里藏着多少被迫消费？

早些年，一些临近商场的美容院总会发起一些免费体验的活动，比如免费做一次面部护理、眼部护理，抑或身体护理。业务员介绍的时候很热情，说都是免费的，可以试一下看看效果。许多爱美的女士经不住诱惑，就去体验了。不过，事实证明，这种体验并不是很快乐，问题不是出在产品和服务上，而是出现在体验的过程中。

美容师一边给你做护理，一边滔滔不绝地介绍其他项目，意图很明显，让体验者买他们的产品或是办理会员卡。有一部分体验者是真心觉得产品和项目不错，自己又有经济实力，消费一下也无所谓。但是，还有很大一部分人，真心觉得自己是被"忽悠"了，陷入了一种尴尬的境地：买吧，可是自己并未做好这项预算；不买吧，觉得不好意思。那么，接下来就只有两种选择：违背意愿进行一下最低消费；

抑或找个借口离开，发誓再不体验了。

本来是想体验一下免费或便宜的项目，结果就像掉进了"陷阱"，经不住对方的轮番信息轰炸，最终不明不白地掏了腰包。可是，花了钱的效果呢？似乎并不是特别满意，甚至还有点失落。消费者是会记住教训的，且会口口相传。所以，如今再碰到类似的"体验"，大家都不太感兴趣了，因为实在"不好玩"。真正让他们感到愉快的体验，是那种在体验中完全自主、依据自己的兴趣爱好来选择、好与不好"我说了算"的体验。

这就是典型的客户思维，终极目的在于完成交易，过程中带有一定的欺骗性和强迫性。用户思维则不一样，它是认同与信任的思维，打动消费者只是第一步，还要让产品体验超出他们的预期，在满足消费者的基本诉求之外，带给他们极致的产品体验和身份认同，从而将其转化为忠实的用户。在这方面，也有不少做得出彩的典范。

 **案例链接**

宜家，你总是那么像"我"的家

许多人都有过类似的感受：走进国内的一些大型家具

店，几乎所有的陈列全部是按照类别划分的，只能买了一样再去挑另一样，自己脑子里还得琢磨：把这些东西组合在一起是什么样？适合自家的装修风格吗？当然，最让人不舒服的是，很多布艺类的家居用品上面明确挂着一个醒目的标签：非买勿动！

这样的字眼，实在让人不舒服：你不让动，也不让体验，我怎么能知道它到底好不好呢？虽说商家的心情可以理解，怕弄脏了卖不出去，但是这样的字眼真的会让消费者的热情一落千丈！索性，不看了，也不买了。

走进宜家，情况却大不一样。宜家的展示区是按照客厅、饭厅、卧室、厨房、工作室、儿童房等顺序排列的，这些展示区中，有一个个分隔开来的展示单元，告诉顾客在不同功能区搭配不同家具的独特效果。

以卧室为例，你会看到一张铺着床单的床，上面有被子、枕头和抱枕，还会看到梳妆台和椅子，以及很匹配的衣柜，外加一些床头小柜、小台灯、小摆件，灯光也和家中一样柔和、浪漫……整个布置，你第一感觉就是"真像一个家"。

当然，更重要的是，所有陈列的东西你可以随意碰触，床也可以躺上去感受，没有亦步亦趋的服务员给你介绍，你可以自由地体验，自由地选择。在这里，没有"样品勿坐"

的警告，它甚至还提醒你："坐上去，感受一下它是多么的舒服！"宜家用这种方式告诉顾客：我们的质量经得住考验！同时，它也在传递着一种消费观念：唯有体验之后作出的决策才是最好的。

如果想了解商品的详情，那就看标签吧！它可以"告诉"你全部的信息，包括产品的尺寸、材料、颜色、价格、产地、购买程序等，如果还不明白，那就去咨询台吧！工作人员会给你做详细的解答。

立体式的逼真展示，无人打扰的购物氛围，自由自在的随心体验，还有体贴入微的配套服务，一切都让人感觉像家里一样放松、惬意。这样的品牌体验，能不让人感到开心吗？

案例链接

一猫汽车网：不只懂车，还更懂你

曾几何时，汽车于人而言不过是一种便捷的代步工具，可随着生活水平的提高，汽车不再单纯是一种商品了，它融入了人们对美好生活的向往，也凸显着个人的品位和审美观。遗憾的是，这个本该快意人生的汽车消费，却一直难以称得上令人愉悦，用户的真正需求和汽车资讯的真正价值总是被忽略。

一猫汽车创始人王辉宇说："成为一个行业变局的推动者，一直是我心中的梦想。汽车消费产业链条庞杂无序，一猫的出现就是希望打破常规，为汽车消费者建立起一个可以真正网聚汽车生活的大型垂直平台。"

在这样的背景下，2014年11月1日，一猫汽车网汽车资讯及App产品正式上线。这个由资深汽车媒体人、互联网人以及年轻喵星人组成的资讯团队，迅速坚定确立了自己的使命：让汽车消费回归快乐！他们在每个细节上都贯彻着一个理念：懂车更懂你。

一猫汽车资讯根据用户购买"心理五阶段原理"——注意、兴趣、比较、分享、决定的逻辑顺序，对网站各模块进行了重新构建，设计上既简洁又清新，没有传统汽车网站中那些干扰用户的浏览元素，全面迎合"85后"新一代年轻群体的喜好，快速抓取用户需求并向用户精准传达其感兴趣的内容，优化了汽车资讯平台的实用价值。

为了还原一款产品的全貌，为了让用户了解更多产品数据背后的故事，一猫汽车资讯还特别对"车型库首页"进行了逻辑重排，增加了"车型DNA""设计理念""核心卖点""适用人群"等栏目。与此同时，一猫汽车为了给用户提供更好的阅读体验，提供了图解版产品配置和产品对比呈现，利用专业摄影团队在摄影棚拍摄高清晰度的产品图片。

现在的消费者越来越强调"自我感觉"，为了迎合这样的消费趋势，一猫汽车资讯在"我选我车"栏目中，除了提供品牌、价格等传统选车的方式外，还提供了"生肖选车""星座选车""血统选车"等选择，在娱乐的同时凸显了个性化。

一猫汽车资讯的核心价值是"精准、有趣、有效"，对于汽车消费者而言，它既是能够解决问题的"捕鼠高手"，也是带给人快乐的"有趣萌宠"。我们有理由相信，这种有趣又实用的产品，在用户个性化需求时代，在未来会有更大的发展空间。

·社群营运思维——用户思维通过极致的体验，营造社群感召力

传统的客户思维体验，通常都是客户与商家发生交易之后才产生的，比如客户付款后才能享受到某种服务。用户思维却是从你开始关注商品和服务的那一刻起，体验就已经产生了，比如你关注了某个微博或官方微信，那你就已经成了它的用户，它会通过各种体验，让你从关注到感兴趣，从感兴趣到成为使用者，再变成粉丝，最终形成社群。

用户思维模式运营的最高形态莫过于社群。商业社群从产品开始，经体验而深化，成型于产品的独特魅力。你的产品有多极致，体验有多完美，对社群的感召力就有多大。随着微博、微信的出现，社群组织变得更容易，简单的一个微信就能让一群志同道合的人自发地形成一个组织。

社群运营证明了一个问题，那就是在互联网思潮影响下的产品到底是一个什么样的工具。俨然，产品已经不仅仅是产品，更是传递企业精神的一种工具。这种精神与内容通过社群运营得到有效的传播。

有人说，社群是不是粉丝？事实上，社群和粉丝是有区别的：社群是一个两两相交的网状关系，关注于满足用户、服务用户，而粉丝经济是以某个点为中心，所有人都围绕着这个中心的明星式经济。社群经济发展到一定程度，能够自我运作，但粉丝经济不会。

早期把社群玩得不错的当属豆瓣，最初豆瓣也有粉丝经济的影子，创始人杨勃在豆瓣中威望很高，但后来杨勃就退居幕后了。现在很多人都知道豆瓣，但很少有用户知道豆瓣的创始人是谁。另一个比较有名的社区就是百度贴吧，它应当是中国最大的社群了。

无论是社群还是粉丝，没有谁更好之说，无非就是侧重点不同。做粉丝经济对创始人要求很高，做社群经济考验的是长期的运营能力。若能集合粉丝，进行社群化运营，开发衍生品、实现产业化，把关系转化成价值，和粉丝建立起品牌认同，也是一种不错的选择。

跟上你的脚步，用户在不断升级迭代

根据市场经济发展的特点，我们可以把它总结为四个阶段：商品经济阶段、产品经济阶段、服务经济阶段、体验经济阶段。

• 商品经济阶段，就是不同企业生产的产品大同小异，甚至是彼此可以替换的东西，因而我们将其称为商品。这一阶段可谓整个市场经济的初级阶段，市场上蔓延着抄袭、模仿、跟风的模式，反正比得就是谁的价格更低。

• 产品经济阶段，不同的企业开始发展不同的品牌，产品也有了自己的特色、个性和差异化，竞争强度开始逐渐下降，出类拔萃的东西自然更能赢得市场占有率。中国企业当前面临的挑战，就是如何从商品经济转向产品经济。

• 服务经济阶段，不是指利用微笑式、温情式的服务赢得用户满意，而是把服务当成企业利润的根基。比如，买服务送硬件，服务就是公司的利润来源。将来，可能会有越来越多的企业朝着这个方向发展。

• 体验经济阶段，提供给消费者的是全过程中的体验、感觉和印象，按照这一思路来设计产品和服务，通过不同的服务和体验来凸显差异化。如今，我们已经看到有不少企业在这样做，效果也很好。

商品经济时代属于大众化消费阶段，企业通过社会化大生产降低了成本，让产品实现了物美价廉，多数消费者的选择也没有什么特别大的差异。

产品经济时代意味着小众化消费阶段，消费者不但要求价格低、质量高，还要求产品别具一格，能凸显个性。此时，企业要从服务大众转向服务小众，谁能够准确把握小众化市场的需求，制定出相应的战略，研发出相应的产品和服务，谁就是赢家。

服务经济和体验经济都属于个性化消费阶段，也是小众化消费发展到一定程度的产物，属于从小众市场分化出来的个性市场。

我们谈企业的转型升级，主要还是从商品经济转向产品经济。时下，不少企业已经意识到，原来那种物美价廉的模式现在已无法打动消费者，明明产品质量挺好，价格也不高，却卖不出去了，为什么会这样呢？原因就是，现在已经不是大众化消费的时代了，而是小众化消费，你的用户变了，他们的消费心理和消费行为也变了。

用户是决定市场的根本因素，用户的口味变了，企业的产品战略、生产战略还停留在过去的时段，大方向本就错了，再批量的生产，无异于一场南辕北辙的博弈。对企业来说，想要提高效率，向市场靠近，必须要明晰一件事：现阶段，谁才是你的用户？

如果在十年前，谈论小众化市场是没什么意义的，可现阶段却不同了。在过去的十年中，中国的中产阶层突飞猛进，该群体的总量有了极大提升，消费能力不可小觑。中产阶层的消费心理、消费模式，与商品经济时代只追求温饱的消费者截然不同。

首先，他们不会轻易听信过度的推销和宣传，而是有自己的理性判断。他们不介意跟别人走不一样的道路，做不一样的选择，也不会跟风式地购买某种商品，能够彰显个人品位的东西反倒更受他们青睐。

其次，他们不是特别在意产品的价格，但十分看重产品的价值，如这个东西的品质如何，服务好不好，能给自己带来什么样的体验，这才是他们衡量产品价值的标准。

再次，他们很注重品位，讲究内外和谐。所谓品位，不仅仅是穿着考究，更重要的是与环境和谐，浑身上下穿着奢侈品牌的衣服在公共场合大声喧哗，这绝不是有品位的象征。不是说收入低就没有资格消费，而是无论消费什么都会搭配得很和谐。

对于这样的消费群体，企业靠物美价廉肯定是行不通的，差异化的产品才是有效的出路。对于中等规模的企业来说，如果能根据用户的特质去开发产品，迎来的可能就是一次重生的机会。千万不要认为，高档产品就得大企业做，小企业只能去做中低档的东西。事实上，中小企业应当抓住这个机遇，在某个方面针对目标用户的需求进行提升和强化，继而超越大企业。

 案例链接

李宁重新回归背后的秘密

中国较早做个人品牌营销的人是李宁，他的名字也成为中国最有名的一款运动服装品牌。面对互联网化的转型浪潮，身为传统企业的李宁自然也要跟随形势而变，但很可惜，它最初采取的一系列转型措施，都以失败告终。连续三年，李宁公司都处于亏损的状态，而在2014年它的亏损额高达7.8亿元。

2010年6月，是李宁公司成立20周年。当时的李宁正准备进军欧美市场，把目标用户锁定为年轻的消费群体，并把用了多年的品牌口号和logo做了改变。这样的改变并没有让李宁赢得目标群体的心，反而把以前的消费群体也给丢了。由于这一步走得太急、太大，导致渠道和库存都出了问题，一场巨大的危机降临到李宁头上。2013年年底，李宁的存货金额是9.42亿元，到了2014年6月，存货的金额就增长到了10.89亿元。

在这样的处境下，原地踏步必定是死路一条，唯一的选择就是再创新，寻找生机。

从2015年开始，创始人李宁开始尝试在"互联网＋运动生活体验"上下功夫，如跟小米合作推出智能跑鞋，开启

线上线下的全新 O2O 模式，新的"数字化"经营方式等。李宁用了多年的口号"一切皆有可能"，也重新启用。

终于，在 2016 年，一条新闻打破了人们对李宁的怀疑——"李宁拯救李宁，亏损三年终于扭亏为盈"。李宁的经历也让许多企业看清了一个真相：面对用户群体之变，企业重构是必然的选择，而转变的宗旨就是"以用户为中心"。而且不要忘了，用户在不断地更新迭代，企业的脚步必须要跟上甚至超越用户群体的变化速度。

出色的产品经理应该是"傻瓜状态"

在产品设计方面，具备用户思维是一件关乎企业生死存亡的大事。

从那些知名企业家的口中，我们都能够明显感受到这一点。马云说："最核心的问题是根据市场去制定你的产品，关键是要倾听客户的声音。"马化腾和周鸿祎更是直接，说产品经理最重要的能力是把自己变成傻瓜，一个好的产品经理必须是"傻瓜状态"。

所谓的"傻瓜状态"，就是让产品经理在头脑中清除专家模式，忘掉长期以来积累的行业知识，以及有关产品的娴熟的操作方式，切换到对产品一无所知的"傻瓜状态"，消除自己头脑中对产品的固有理解，从用户角度指导生产，而这就是用户思维最直接的体现。

许多传统企业在生产方式上都形成了一种固化的模式，先通过用户调查分析用户需求，再由设计部门来设计产品，最后按部就班地通过生产线来生产产品。面对市场的瞬息万变，这种方式显得很被动。如果要在互联网时代继续存活下去，就得让企业的所有部门和所有员工都树立用户思维，而不能仅仅从技术角度出发，看能否在技术层面上生产出产品，并较好地节约成本。这样的设计通常是脱离实际的，不符合用户实际的生活场景。

🎣 **案例链接**

菲利浦的空气净化器，为何"净化无效"？

菲利浦曾经推出过一款空气净化器，购买时随机器附带四层滤网。不过，这四层滤网都是提前安装在机器里的，并没有分开包装。用户拿到设备后，就像平常一样直接插上电源、打开开关，进行使用。在用户看来，机器这样就能正常工作了。他们并不知道，那四层滤网的塑料袋没有拆除，根本就起不到净化的作用。机器在工作时，也不会检测到这个问题，自然不能对用户发出提醒。就这样，很多用户都是在使用了几个月之后，需要更换滤网时才发现这个问题。

有用户提出意见：为什么设计者不提前告知用户这一情况呢？事实上，设计者在电源插头上粘贴了一个小小的黄色提示标签，并在产品使用说明书上提示用户要先拆除滤网塑料封套，才能正常使用。可问题是，那个黄色的小标签太不起眼了，很容易被用户忽略，而很少有用户会仔细阅读完说明书再去使用产品。

从设计上来说，菲利浦这款产品存在用户思维不足的问题。设计者没有设身处地地站在用户的角度去思考，自认为所做的"提示"已经够了，却没有回归到一种"傻瓜状态"，想象到用户使用净化器的常规习惯。

现在分析菲利浦的这一疏漏，会觉得问题有点太幼稚了，甚至不可思议。可事实上，不少企业都不可避免地犯过类似的错误。为什么用户思维理解起来容易，真正执行时却阻碍重重呢？

·知识的图圈——你知道一件事后，就无法想象自己不知道这件事

《黏性》这本书里提到过一个概念：知识的诅咒。这里的"知识"，不一定是真正的"知识"，也有可能是信息、消息、情报等。大致的意思是讲，当一个人知道一件事后，他就无法想象自己是不知道这件事的。产品的设计者、活动的组织者对于产品的细节太过熟稔，不会存在理解和使用上的偏差，因而他们很难设身处地地去想象用户是怎样理解和使用产品的。但我们都知道，用户完全是"傻瓜状态"，对产品一知半解，结果就必然会出现和"菲利浦空气净化器滤网套未拆封而导致净化无效"类似的问题。

·爆炸的信息——被庞大信息裹挟的现代人，没有精力认真琢磨每一条信息

互联网时代，人们每天接触的信息量是巨大的，不可能对每一个信息都认真观察、仔细研究，否则就会精疲力竭。对于拿到手的产品，多数用户都是凭借直觉去操作，极少有人会把说明书完整地看一遍，往往都是在操作过程中遇到了

问题，才会想到翻开说明书。如果产品和营销的页面加载缓慢，需要填写大量的信息，用户会直接选择跳过。然而，许多设计者并没有想到这一点，以为把说明书做得很详尽，就能让用户操作无误。真正的问题在于，你的说明书写得再详尽，也架不住用户根本不去看这一事实。

· 测试的缺失——在营销和生活方面缺少现场测试，导致错误屡见不鲜

在产品研发的流程中，有一个不可或缺的重要环节，那就是测试，这一点没有人敢掉以轻心。可是，到了营销和生活之中，测试却做得很不充分，甚至是缺失的。如果能多一点现场测试，就能够直观地发现用户在使用过程中会碰到的各类问题，哪怕是细枝末节，也可以一目了然，这样自然可以减少错误的发生。

看到这里，相信不少人都在思考"对策"的问题。作为产品经理，怎样才能够让自己回归到一种"傻瓜状态"，真正地掌握用户思维呢？

· step1：时刻保持谨慎和警惕，时刻把用户放在心里

作为产品经理，内心深处一定要有这样的认知：不管自

己的资历有多么深厚，经验有多么丰富，都要在心里承认和
谨记，自己的思维不等于用户的思维。两者之间有很大的差
别，且要时刻对用户和用户思维保持警惕、谨慎和敬畏。在
产品设计、运营推广等环节，都要认真思考是否真正体现了
用户思维。

·step2：透过现象看本质，发现用户的真正需求

产品研发的出发点，应当是用户需求。互联网的优势在
于，能够把企业和用户、用户和用户连接起来，把他们的需
求信息汇集在一起。企业要透过这些信息的表象，去发现需
求的实质内涵，也就是用户的真正需求。当用户需求和产品
定位十分清楚的时候，再进行产品设计和相关决策，才能够
研发出真正的好产品。

·step3：随时随地观察思考，不断提高用户思维

用户思维不是与生俱来的，也不是一朝一夕就能完全掌
握的，这需要产品经理在平日的工作中随时随地观察思考，
仔细体会和分析产品和业务的设计是否得当，是否体现出用
户思维，以此为指导逐渐提高。

人们常说："台上一分钟，台下十年功。"所谓"台下十年功"，说的就是要在平时多下功夫。作为产品的研发设计者，在亲身体会产品的那一刻，你是以用户的身份来使用他人设计和提供的产品的。在那一刻，你不是设计者，也不存在知识的囹圄，更没有那么多耐心。唯有在这样的时刻，才能产生真正的用户体验，形成真实的用户思维。

·step4：置身真实的场景中，亲自使用产品

如果一直坐在办公室里去研发设计产品，自己却不曾实际使用，就很容易出现问题。产品经理不但要经常使用产品，还要到各种各样的场景中去验证产品是否真的符合用户思维。

前几年，导航软件在提示驾驶员在前方路口右转时，会出现这样的语音提示："前方 500 米红绿灯路口右转"。听起来好像表达得很清晰，告知了距离和方向，对驾驶员来说应该是没什么问题的。可在实际开车时却会发现，驾驶员很难准确地判断是否行驶到了"500 米"处，很有可能在走到 300 米处的时候，就提前右转了。如今，导航软件都已经升级改进，上述情况的提示语变成了："前方 500 米第二个红绿灯路口右转"，且当驾驶员经过第一个不需右转的红绿灯路口

时，还会提示"正在经过第一个红绿灯路口"。有了这样周密细致的提示，用户走错路的概率大大降低。

·step5：多做用户调研与回访，聆听反馈意见

用户是产品的试金石，验证产品是否成功的最好办法，就是让用户使用产品，并聆听他们的反馈意见，不断打磨出更好的产品。一款好的产品，必定是经过了市场的千锤百炼，就好比现在的智能手机，也是历经数次的迭代才发展到现在的程度，且仍旧在不断地改善和升级。虽然我们在前面提到过，产品经理和公司的管理者要亲自使用产品去发现产品的不足，以便进行有效的改进。然而，这毕竟是少数人的体验，无法穷尽所有用户的所有场景，也无法实现准确把握用户思维的目标。

多数手机安全产品的研发人员、市场运营人员都曾认为，在支付安全、清理加速、骚扰拦截等手机安全的几个需求中，最重要的应当是"支付安全"。这样的选择，从常识上来说很合乎逻辑，毕竟谁都在意资金的安全问题。

可是，当研发人员亲自到全国各地与各个行业的数百名用户交流之后，却发现结论并不是这样的，多数用户更看重的是"清理加速"。他们认为，手机丢钱这样的事情发生

概率很低，可速度慢、存储空间小却是随时困扰自己的大问题。更何况，用户都有自己防范金钱损失的小妙招，并不太担心这一问题。如果不是和用户面对面地交流沟通，听取他们的意见反馈，研发人员不可能了解到这一事实，更不可能具备这样的用户思维。除了做用户调研，事后的回访也不容忽视。

不管到什么时候，产品永远是为了解决用户的痛点而存在的。现如今，许多商品都凸显了人性化的设计，尽管只是细微的改动，却给用户带来了极大的便利。对于传统企业来说，目前最重要的就是扭转产品思维，以用户需求为驱动力来做研发。只有这样，其他资源的投入才有效果，企业才能顺利实现重构。

重要的不是卖产品，而是销售产品体验

在互联网思维中，最重要的一个思维是用户思维，而用户思维的核心是用户体验。

用户体验是不是互联网时代诞生的新概念呢？其实不然。早在20世纪70年代，未来学家阿尔文·托夫勒就在《未来的冲击》一书中提出了体验经济的概念，1999年体验营销大师伯恩德·H.施密特构建了用户体验的基础理论框架，他将用户体验分为五种不同的类型：感官体验、情感体验、思维体验、行动体验、关系体验。这就是说，体验不仅摸得着、看得见，还有情感和思维的共鸣。

纵观传统行业和互联网行业，我们会发现用户的体验都涵盖在这五个类型之中。互联网企业把用户思维当成一张主打牌，但这并不意味着传统企业就不重视用户体验，宜家、海底捞这些企业都因客户体验而出名，但那时还没有互联网思维，可它们坚持的却是最基本的商业原则：秉持诚实经营的精神，提供优质的服务。

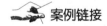 **案例链接**

星巴克：我们不是咖啡公司，而是服务公司

星巴克诞生于1971年，在创建的前12年里，它只是把烘焙好的上选咖啡豆卖给客户，让他们回家自己研磨冲调，不卖泡煮好的咖啡。1983年，创始人之一的霍华德·舒尔茨

被派往意大利参加当地的咖啡贸易展。在那里，他惊讶地发现，这个浪漫的城市里到处都是小咖啡馆，人们到咖啡馆也不仅仅是为了喝一杯咖啡，咖啡馆变成了一个社交场所。咖啡馆里的服务员态度也很好，咖啡师傅经常会跟顾客们聊天，这种真诚的氛围深深地打动了舒尔茨，让他领略到了咖啡馆的另一层深意。

回到美国后，舒尔茨就推动星巴克经营模式的改革，从单纯地关注咖啡转变为关注客户的情感。1986 年，舒尔茨在美国开了第一家真正意义上的咖啡店，从此星巴克开始了迅速发展之路。目前，星巴克的门店已经超过 2 万家，年收入超过 100 亿美元，这一切都源自美好的客户体验。

舒尔茨说："星巴克不是提供服务的咖啡公司，而是提供咖啡的服务公司。"星巴克的每一杯咖啡，都是咖啡师精心调配出来的，顾客也可以根据自己的喜好来定制专属咖啡。星巴克的店面设计也很用心，它都是根据店铺所在的位置和当地的文化量身打造特色。走进星巴克，客户总能够找到一种归属感，它已经成为家和办公室之外的第三空间。现如今，星巴克带给客户的印象，已经不仅仅是咖啡馆，而是文化时尚与生活状态的缩影。

星巴克为客户提供的体验不是单一的，而是立体的，有感官上的享受、情感上的触动，也有价值上的认同，每一方面都做得很到位，深深地抓住了消费者的心。

作为传统企业，星巴克把用户体验做得很好。这也说明，传统企业并不缺乏极致体验的案例，而互联网思维并没有改变用户体验的本质，只是它引发出了更多的、更大胆的体验方式。总而言之，不管是什么样的企业，如果不能具备扎实做用户体验的精神，只是试图打着体验的旗号来炒作，把侧重点落在宣传上，最终只会降低用户的好感度。

那么，到底什么样的体验才算得上是好的用户体验呢？通常来说，它应当具备三点特质：

·第一，超出用户的预期，带去额外的惊喜

在 2016 年国际体验设计大会上，当时的乐视用户体验中心总监李时斌在接受专访时说道："我觉得如果你满足用户所有的诉求，在用户看来这都是理所应当的，这并不是一个好的用户体验，你一定要学会制造惊喜，我们做好 100 分之上一定要解决那 20% 的惊喜（他在演讲里提到用户体验设计不只是满足用户需求，而是创造额外 20% 的惊喜）。比如在各个终端里面，我们希望能够让用户觉得在我们这时时刻刻

是有新的故事、新的事情发生的，这是一个很重要的原则。"

　　超出预期的用户体验，简单来说就是：消费者原本以为只是如此，可没想到却远远超出了他们的想象（这里侧重于强调好的方面）。这样的体验会带给消费者很大的冲击，品牌也会快速进入消费者的内心。比如，在某品牌官网购买其产品，用户打开包裹后收到的往往是超出预期的惊喜，你只购买了两件护肤品，可能会收到三四件赠品，虽然价值不高，却带来十足的惊喜。

　　如何为用户提供超出预期的体验呢？很简单，产品和情感双管齐下。

　　产品的品质非常重要，它直接决定消费者对这个品牌的第一印象。在保证产品品质的基础上，再给用户一些附加产品，加强印象，并提升信任感。当产品这一关顺利通过后，最走心的就是情感体验了。当满意的产品配上温暖的人情，营销就显得格外地"真"。

·第二，好的用户体验，要让用户感知得到

　　过去，人们对于用户体验的理解大都停留在产品的外观和包装上。其实，产品的体验应当贯穿在用户使用产品的整个过程中，细节的体验直接决定着用户对产品的评判。

　　某通信公司曾经推出了一款手机，主打卖点是绿色无辐射，可消费者并不买账。为什么呢？你说手机是绿色无辐射的，消费者感知不到，如何去判断呢？摸不着、看不到，那就跟没有一样。后来，这家公司又对产品进行升级改善，换了一个主打卖点——防窃听，结果就跟上一次一样，消费者还是不买账。你说能防窃听，我怎么验证呢？

　　想让用户有一个好的产品体验，首先就要具备一种形式，能让用户去感知你主打的卖点，客户只有感知到了，尝试过了，才能下结论评判好坏，才能决定买与不买。

·第三，好的用户体验，贯穿每一处细节

　　细节决定竞争力，同时细节也彰显魅力。

　　如果有一家五星级的酒店，住一晚需要 2000 元，用户看上了它的富丽堂皇、一应俱全，可入住后却发现，这里不提供免费上网服务，上网需要另付费。在这样一个上网就像吃饭一样必不可少的社会，试算一下听到这一"噩耗"，用户的心理阴影面积有多大？这不是一个特殊案例，现实中类似的情况时有发生。令人费解的是，许多企业并没有意识到这些细节问题，自认为产品和服务已经很好了。

　　无论什么行业，无论提供的是虚拟服务还是实体服务，

在实施的过程中都存在着大量可以改善的细节，而这些都可以有效地提升用户体验。对商家而言，技术革命的影响是长期的、平等的，可当技术条件相当时，唯有通过产品的体验设计、提升用户体验，让用户感觉更愉快、更有价值，才能更好地树立品牌和口碑。

新时代的营销，卖的不是一个产品本身，而是这个产品本身为用户带来的感受。这就如同用户购买了一个杯子，他需要的只是用杯子来喝水吗？那只是需求中的一部分，真正打动用户的是这个杯子能带给用户的体验。如果买了一个杯子，既可以用来喝水，也可以获得一份安静、舒适的心情，还能在喝水的过程中回忆起一段往事，那这个杯子才变得"不同寻常"。

别光顾着让用户尖叫，根本的东西不能丢

在互联网思维中，为了形容一款产品或服务足够好，人们提出了一个特别形象的说法：让用户为你"尖叫"！很快，

这种说法就演变成了一种思维，即"尖叫思维"。

"尖叫"的意思不难理解。看过演唱会的人都知道，台下的粉丝们疯狂地呐喊，用尖叫声来表达与偶像近距离接触的激动之情。这一词汇用在产品身上，就是指这款产品带给用户巨大的惊喜，让其不禁发出惊叹声。

尖叫思维，打开了不少企业的新思路，他们开始绞尽脑汁去研发产品，要的就是带给人惊艳的感觉。然而，当产品问世后，火热的好景却没有持续多长时间，甚至有些根本就没有达到预期的效果，这让许多研发者都陷入了沉思与不解中：问题究竟出在哪里呢？

在回答这个问题之前，我们不妨先从需求理论上了解一下体验的三个层次。

我们都知道，用户的需求也是分层次的，如马斯洛提出的需要层次理论，将人的需要分成五个层次：生理需要、安全需要、社会需要、尊重需要、自我实现。和需求一样，用户体验也是分层次的，因为体验的建立不是一蹴而就的，有一个循序渐进的过程。日本质量管理大师狩野纪昭在1979提出了需求模型，将用户的需求分成三个层级：基本型需求、期望型需求、兴奋型需求，这三种需求分别对应着三种不同的用户体验。

·基本型需求——产品的基本功能

基本型需求是用户认为不可或缺的，通常对应着产品的基本功能，如果这一需求无法满足，用户的体验会很差。比如，新买的一款水杯，想出去玩的时候带着，结果发现水杯漏水，这肯定会让用户大失所望，不会再次购买。

·期望型需求——用户的满意程度

期望型需求是指提供的产品或服务比较好，能够带给用户一种高级别的体验，但不是必需的。比如，海底捞为客人提供免费的美甲服务，这跟吃火锅没有任何关系，但是这项服务却让用户感到贴心。

·兴奋型需求——用户的潜在需求

兴奋型需求指不被用户过分期望的需求，也就是超越了用户期望的需求。苹果手机刚出来时完全颠覆了人们对传统手机的认知，带给了用户太多的惊喜。这一需求提供的是极致体验，一旦得到满足，带给用户的满意度会迅速提升。

讲完需求和体验的层次，我们重新回到最初的话题：产品做到让用户尖叫，就算成功了吗？结合体验的层次来看，显然不是这样的。尖叫固然重要，但在尖叫之下，还必须满足用户基础的需求。就像我们刚刚说过的水杯的例子，水杯的外观非常漂亮，也紧跟时尚潮流，可它基本的功能不完善，外出携带会漏水，那它就不是一个成功的产品。在产品的研发上，如果只注重让用户尖叫的点，就会在尖叫声中迷失，忽略产品的一些基本功能，最终步入歧途。

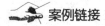 案例链接

本是动人的凡客，无奈迷失了自己

2007 年，国内的电子商务初露端倪，市场规模只有现在的十分之一。那时候，多数人都还不知道互联网思维是什么，就在那一年秋天，陈年创办了凡客，他希望借助互联网这个平台把衬衫卖给每一个普通人。

这并不是陈年第一次触网，他和雷军相识多年，曾经一起创办过卓越网、我有网，共同经历过成功和失败。陈年创办的凡客一经问世就获得了不错的反响。当时，他给自己定的目标是 2010 年销售额达到 2 亿～ 3 亿元，借助国内互联网的迅速发展，他只用了 1 年时间就实现了这个目标，2010 年凡客的销售额已经达到了 20 亿元。陈年由此成为电商界的

名人，凡客也先后获得了 IDG、软银赛富、老虎基金等知名投资机构一共 6 轮、高达 3.22 亿美元的投资。

2011 年，陈年给凡客定下的销售目标是 100 亿元，还花费 10 亿元来做广告营销，韩寒和王珞丹的"凡客体"、黄晓明的"挺住体"等迅速蹿红，极大地促进了凡客的销售量。当凡客在互联网营销方面如鱼得水，并打算继续按照这一模式走下去时，从陈年到凡客的其他管理者都忽略了一个最关键的问题，那就是用户对服装的基本需求——产品的质量。

用户们都是很敏感的，不少粉丝开始抱怨从凡客买来的商品质量不好，衣服洗一洗就缩水，鞋子穿几次就掉色，这样的东西太不上档次了。结果，凡客陷入了"质量门"，在 2014 年的"双 11"国家质检总局网络抽查中，凡客有 11 款产品质量不合格。陈年在接受记者采访时也表示："品类快速的扩张，导致了很多产品质量不过硬。"

2011 年，凡客定下的 100 亿元目标只完成了 38 亿元，而到了 2012 年，凡客全年的净利润为负数，面临资金困境。同时，凡客在 B2C 市场的份额也从 2011 年的 2.1% 跌落到 2014 年的 0.3%。

曾经叱咤互联网的凡客，就这样淡出了人们的视线。

凡客的没落值得所有的企业反思。借助互联网的快车，不少产品都博得了大众的眼球，带给用户所谓的"尖叫"，可在尖叫的背后却也藏着危机，那就是忽略用户对产品的基本需求。这是一个拥抱"互联网+"的时代，可"互联网+"不是万能的，企业在探索的过程中，要保持应有的理性。任何新风潮的出现，都不能动摇"根本"，只有保证了产品的品质，才有可能把用户体验做到最好。

颠覆传统设计观，重新定义好产品

身处互联网，商业交易中的信息不对称被打破了，买卖双方之间的权力格局也被改写了，从交易场所到传播环境，再到买卖关系，一切都跟从前不一样了。面对突如其来的变化，许多传统企业显得很迷茫，有点儿不知所措。但正如我们在前面所讲的，互联网并没有那么神秘和复杂，有一些规律性的东西依然是不变的。

当人们可以通过网络搜索轻易地戳穿一些虚假的内容

时，传统广告就失效了。这是因为品牌和消费者之间的沟通方式变了，过去那种利用媒体高空轰炸、强制灌输的模式已经行不通了，现在需要的是通过社交的方式，通过互动和参与感来赢得消费者对品牌定位的认同。从这一点上来讲，消费者的心智规律并没有改变。

互联网把交易从线下的实体空间转移到了线上的虚拟空间，这使得交易双方的地位发生转变。过去都是商家等着顾客上门，现在却是商家要想办法吸引消费者的注意，所以不少传统企业会感觉生意越来越难做。但无论怎么变化，有一点始终没有变，那就是营销的任务：发现并满足消费者的需求！抓住了这一点，就不会迷失方向；努力把这一点做好，自然就有了竞争力。

当企业做到了诚信，并抓住了消费者的需求，接下来要拼的自然就是产品了。过去，产品的好坏是企业说了算，在产品的宣传中会强调先进的技术，这是典型的技术思维。现在，产品的好坏是消费者说了算，他们关注的不是企业用了什么技术，而是用起来的感觉好不好，这是用户思维。诺基亚就是技术思维的代表，而苹果则是用户思维的代表，从技术实力上讲，苹果可能抵不过诺基亚，可消费者最终还是选择了苹果，抛弃了诺基亚。

这一切都在警醒传统企业：无论在什么时代，产品永远为王，只是好产品的评判标准不同以往了，好产品需要重新定义。至此，我们就要提出一个问题：究竟什么样的产品，才能够称得上是极致的产品呢？或者说，如何才能打造出让用户青睐的产品呢？

· 定位精准：极致的产品未必适用于所有人，适用于所有人的产品未必是极致的

在研发设计一款产品时，是不是它的外观越精美、功能越全面，就意味着产品越好？

其实不然。这就好比，一个人的时间和精力有限，如果惦记着做很多事，往往哪一件事都做不好，只能浅尝辄止。相反，只把精力专注于一个领域、一件事，往往更容易出成绩。设计产品也一样，在资源有限的情况下，不能想着大而全，而是要专注某一部分的功能，把它们做到极致，其余的功能只能退而求其次，能让用户接受就行了。

营销大师菲利浦·科特勒在《市场营销原理》中谈到，一个产品包含着五个方面的特性：质量、特色、设计、品牌名称、包装，同时还要为用户提供多项附加服务。面对这些因素，产品的研发设计者要如何作出取舍呢？

看似很复杂，但万变不离其宗，最重要的取舍点就是——产品定位：你的产品针对什么样的客户群体？你想在哪些方面体现产品的定位？如果产品的定位不准确，就算产品做得再好也无济于事。因为大方向搞错了，越是极致反而越让产品偏离市场，远离用户需求。换而言之，极致的产品未必适用于所有人，适用于所有人的产品未必是极致的，择优求精即可，不必面面俱到。

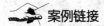 **案例链接**

青春小酒：我是"江小白"，生活很简单

白酒领域向来竞争激烈，然而不知道从什么时候起，"江小白"突然占据了年轻人的内心，成为一匹青春亮丽、不可小觑的"白马"，在白酒市场里极速驰骋。很多人都在思考："'江小白'为什么能火？"

战略学上有一个英文单词叫作"segment"，意思是细分市场，也就是我们说的精准定位。"江小白"恰恰就赢在了这上面。

·用户定位：有个性的青春一族

从"江小白"的广告语上，便能看出它的用户定位：

"我是江小白，生活很简单。"这正是很多"80后""90后"的心声，很容易打动青春一族，引起共鸣。

"江小白"这个名字听起来有点耳熟，这个品牌名称受到了青春影视剧的启发。创始人陶石泉要的就是简单容易记，不少热门电视剧中的主人公都是以这样的方式命名的，比如《男人帮》里带着文艺气息的"顾小白"，还有《爱情公寓》里有特色的"曾小贤"，都打动过"80后""90后"的心，简单通俗还很亲切，符合"江小白"的目标消费群体。

·产品定位：有品又不俗的轻奢白酒

现代年轻人对啤酒和红酒更倾心，很少喝白酒。他们觉得，喝白酒不够时尚，过于正式。同时，白酒产品价格偏贵，也是年轻消费者的痛点。"江小白"抓住了这块空白市场，打造出了一款适合"80后"和"90后"的轻奢白酒，价值也不贵，20块钱左右，满足了都市群体的主流消费。尽管单瓶不能产生暴利，但只要规模够了，效益自然会凸显。果然，正如陶石泉所料，"江小白"刚一问世销售额就达到了5000万元。

·品牌理念：文艺青春，简单生活

从理念上来说，"江小白"被人格化了，很贴近"80

后""90后"的思维方式和生活习惯。

对于这个卡通式的品牌形象代言人, 粉丝们是这样描述的:"他是那样拉风的男人, 不管在什么地方, 就好像黑夜中的萤火虫一样, 那样的鲜明, 那样的出众。他那忧郁的黑框眼镜, 稀疏的胡茬子, 略带英伦风的围巾, 还有那杯 Dry Jiangxiaobai, 都深深地迷住了我们。"

在"江小白"的身上, 年轻一族总能瞥见自己的影子。他喜欢上网, 热爱摇滚, 憨厚可爱, 幽默风趣, 个性时尚, 情感生活丰富, 热爱冒险旅行, 有一颗文艺的心。"江小白"是酒, 但它卖的不是酒, 而是一种青春态度。都市的文艺青年和白领, 就是"江小白"在现实中的缩影, 没有厚厚的钱包, 但有特立独行的生活方式, 不以世俗的成功来衡量人生的价值, 做自己想做的人, 过自己想过的生活, 重视精神上的享受, 简简单单就好。这, 恰恰符合了"我是江小白, 生活很简单"的价值观和生活理念。

·传播方式: 舍弃传统营销, 充分利用新媒体

"江小白"只用了一年多的时间, 就将这个品牌打响了。陶石泉认为, 成长型企业想要在市场立足, 必须找到跟大企业不一样的逻辑, 他说:"有些东西我们不能和这些巨人相

比，如广告、渠道、招商……哪样都不行。但在另外一些领域，他们没办法比我们做得更高效。"

他所说的"另外一些领域"，就是指基于互联网的社会化媒体，通过这些媒体时刻与客户保持连接，这也是它非常值得称赞的 O2O 营销模式。"江小白"不在主流媒体做广告，几乎没有用过传统的营销方式，完全把微博、微信等新媒体作为主打平台。

2011 年 12 月 27 日，"江小白"在新浪微博发布的第一条消息：我是江小白，生活很简单。到目前为止，它的粉丝数已经超过 25 万。它擅长利用互联网连接思维，时刻关注当下热门的事物和话题，与时俱进地呈现在自己的产品上，调动消费者的情绪资本。

这，就是青春小酒"江小白"的成功之道。

有人说过："当你给自己的人生定义了一个标准之后，总有些事情或观念会阻碍你，这时你应该学会说不。"其实，产品的定位也是一样，定位中的选择，不是选择可能而是选择放弃。只有聚焦于一点上，才能更好地挖掘潜能，实现突破。

·不拘一格：要有专注的做事精神，但不必拘泥于单品爆款

黎万强在《参与感》一书中说道："产品规划阶段要有魄力只做一个，要做就要做到这个品类的市场第一。"不能否认，互联网时代诞生了不少凭借一个产品获得成功的案例，专注单品能够把有限的资源聚集起来，也比较容易把一个产品做到极致。问题是，如果产品的方向从一开始就错了呢？结果必是满盘皆输。

菲利普·科特勒在《营销管理》中提到过"产品线"的概念："同一产品种类中一组密切相关的产品，它们具有类似的功能，相同的目标用户，相同的销售网点和渠道，或者在一定的价格范围内。"现实中这样的例子有很多，比如可口可乐公司旗下有汽水、茶饮料、果汁饮料等多条产品线，每条产品线下有数个产品品牌。

选择产品线策略的好处在于，它比单品的极致更加安全，在企业资源充足的情况下，越多的产品布局就越容易抓住更多的机遇和用户。另外，这样的做法也能够遏制竞争对手在某细分市场的产品发展，或是对其产品策略进行干扰。最后，产品线中的产品有相似的功能，更有利于控制成本，

适合规模化、平台化的生产。

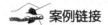 **案例链接**

单挑苹果有点儿难，三星选择"打群架"

在手机领域，苹果一直是专注的典范，只做几款手机，深受用户喜爱。与此同时，也有大批用户独爱三星，它的品质不次于苹果，但可供选择的型号多。据不完全统计，三星从 2009 年至今，发布的安卓手机超过 100 款，几乎覆盖了低、中、高的全部市场，屏幕大小从 3 英寸到 10 英寸几乎都有，完全能够满足不同的用户的不同需求。

如此庞大的产品线和众多的产品，三星在做手机上真的不够"专注"，但这也是三星特别制定的战术。苹果已经把 iPhone 的品质和口碑做到了极致，三星如果也只专注做一两款产品，拿出来跟苹果"单挑"，显然难于登天。既如此，倒不如选择"打群架"。

三星的产品线虽丰富，但也不是盲目推出的，都有针对性。推出如此多的手机产品，既是对不同层次的用户需求的满足，也是为了在市场中试水，找到备受欢迎的产品后，再进行重点培育，不断更新迭代，做到极致。至于那些不太受欢迎的产品，自然就会被淘汰。

这种全面撒网、重点培养的策略，帮助三星在智能手机市场确定了领导者的地位。从 2012 年开始，三星的智能手机市场份额就超过了苹果，跃居全球第一并保持至今。但是，三星也是很谨慎的，懂得产品线无限扩张的风险，因而在 2015 年采取了产品线缩减战略，适度聚焦。

· 灵动调整：产品和人的生命一样，要依据不同阶段的特点调整策略

产品管理中有一个经典理论，叫作生命周期理论。这是美国哈佛大学教授雷蒙德·弗农在其文章《产品周期中的国际投资与投资贸易》中首次提出的，他认为：产品和人的生命一样，都要历经四个阶段——引入、成长、成熟和衰退。要把产品做到极致，一定不能忽略产品在不同阶段的特点，要结合特点来调整市场策略。

· 引入期——专心做好产品的品质和功能，采用吸引用户眼球的推广策略

一款产品刚刚上市时，对用户而言还比较陌生，此时最重要的是把产品的品质和功能做好。市场中总会有一些愿意尝试新事物的人，当他们认可了产品的品质，就等于塑造了好口碑，必然会吸引更多的消费者。

Facebook 刚开始在哈佛校园里使用时，就很专注于产品的功能，通过不断优化产品功能来提升用户体验，得到了越来越多的学生的喜爱。据说，扎克伯克及其伙伴曾经组建了一个团队，每天专门花费大量时间研究学生们如何使用 Facebook，如何让他们用得更方便，"留言墙"等代表性功能就是在那个时期开发出来的。正是因为有了这份对产品品质和功能的专注，才有了 Facebook 后来的辉煌。

新产品刚进入市场，知名度肯定不高，此时广告宣传就显得格外重要了。营销界有一个说法，一个产品要让消费者认识，只需要 18 天的时间，这 18 天是一个产品进入市场的关键时段。在这方面，洛阳杜康控股有限公司就很漂亮地利用内容营销的方式，把新产品"杜康酒"的名号打了出去。

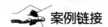 **案例链接**

杜康酒：喝的不只是酒，更是一场父爱

洛阳杜康控股有限公司曾在父亲节之际，发起了"酒祖杜康，传递你对父亲的爱"的系列活动。在父亲节当天，该

公司拍摄的一部反映父爱情深的微电影《父爱》在郑州首映，通过报纸、短信、微博等平台征集了 100 多对父子或父女，邀请他们现场观影。在观看影片后，这 100 多对父子 / 父女无不潸然泪下，许多孩子泣不成声，有的甚至号啕大哭。该片被誉为"史上最催泪微电影"。

《父爱》讲述的是 20 世纪 90 年代时，一个普通工薪家庭中喜欢跳芭蕾舞的小女孩，误解父亲对她全心全意的爱，甚至严重伤害深爱她的父亲，最后在大雨中幡然醒悟的故事。整个拍摄周期只有三天时间，拍摄场地主要是在郑州西郊的一些老厂、老街道、老家属院等。尽管剧情很简单，但许多观众表示，这部电影里有自己童年的影子，看到剧情想到了很多过去的事，有强烈的情感共鸣。《父爱》不仅在土豆、优酷、新浪视频、凤凰视频等各大主流视频网站创造了很高的点击率，还走进了郑州大中小院校以及社区，火爆程度远远超越制作方的预期。

当然，如果这部微电影仅仅是传递父爱，那就谈不上"成功"了。微电影只是手段和形式，广告营销才是最终的目的。几乎所有观看过微电影《父爱》的观众，都会记得这样一个镜头：女儿刚回到家，就迫不及待地打开柜子拿出了父亲最爱喝的杜康酒，并亲自为父亲斟满一杯，说父亲天天接她辛苦了，这是奖励给父亲的。

毫无疑问，这是杜康有意安排的"植入广告"。影片中，当父亲后来因为女儿不理解自己而生气时，杜康酒再次出现了。尽管杜康酒在影片中一而再再而三地曝光，但是却并没有引起观众的反感。为什么呢？因为"杜康酒"已经被赋予了"情"，成了"情"的载体。

据说，在微电影拍摄过程中，洛阳杜康控股有限公司依托郑州晚报的平台，专门设立了"以微电影的名义，酒祖杜康传递你对父亲的爱"栏目，每天以四分之一版甚至半版图文并茂的方式征集剧情、海选演员、透露花絮等，持续了20多天，将酒祖杜康的形象与微电影《父爱》的话题巧妙融为一体，起到了"润物细无声"的营销效果，极大地提升了杜康酒的美誉度。

·成长期——持续改进产品品质，大力宣传品牌形象，不要过分追求利润

当产品度过引入期后，就会进入成长期。这个阶段的特点是，需求增长强烈，销售额迅速上升，规模化的生产使得产品成本降低、利润升高，而竞争也会逐渐加温。这是产品生命周期的"黄金阶段"，要持续改进产品品质，大力宣传品牌形象，拓展销售渠道，但切记不要过分追求利润，否则

很难做大。

·成熟期——不要一味追求极致，根据市场适时地进行调整

当产品达到某一个时点，销量的增速就会放慢，产品进入一个相对成熟的阶段。在这个阶段，需求近乎饱和，竞争愈发激烈，产品同质化严重，消费者也可能出现审美疲劳。此时，不能再一味地追求极致，而是要根据市场适时地进行调整。至于如何调整，企业可借鉴科特勒在《营销管理》中提到的三条建议：

第一，采用新的方法吸引更多的用户，或是提高用户的使用率，继而提升整体销量。

第二，在产品上进行改良，如增加新的尺寸、重量，或是生产新的配件，提供新的服务等，来拓展产品功能与性能，吸引用户的眼球。

第三，通过改变价格、渠道和广告形式，刺激销量。

·衰退期——做好撤退的准备，继续强调极致无异于浪费资源

产品衰退的原因很多，可能是市场趋势导致的，也可能是企业或产品本身的问题导致的。这个阶段，产品的销量和利润都会下降，产品无法适应市场的需求，市场已经有性能更好、价格更合适的产品满足消费者的需求。此时，企业就不要再偏执地强调极致了，这种大手笔的投入会造成资源的浪费，与其做无用功，倒不如另起炉灶重新开始。

第 四 章

角色思维：完成角色转变，激发企业家精神

商界如战场，要打赢重构这一场硬仗，企业家自身的思想意识转变是前提条件。只有企业的"领头羊"想清楚了，想透彻了，才能有明晰的方向，少走弯路。一个企业只能在企业家的思维空间内成长，一个企业的成长被其经营者所能达到的思维空间所限制。

"将军不依赖于秩序，而秩序却依赖于将军"

亚里士多德在《形而上学》里说："一支军队的能力，部分决定于秩序，部分决定于将军，但主要决定于后者，因为将军不依赖于秩序，而秩序却依赖于将军。"

商界如战场，要打赢重构这一场硬仗，企业家自身的思想意识转变是前提条件。只有企业的"领头羊"想清楚了，想透彻了，才能有明晰的方向，少走弯路。管理大师德鲁克也说："一个企业只能在企业家的思维空间内成长，一个企业的成长被其经营者所能达到的思维空间所限制。"

中国民营企业的发展速度在全世界都是名列前茅的，然而破产倒闭的比例在全世界也是一样名列前茅。相关专家预计，这样的情形还会持续数十年之久。究其根本，主要是一代民营企业家的文化素质普遍不高、缺乏理性思维的战略头脑，经营决策缺少前瞻性的思维。其实，论厂房、设备、技术和营销模式，中国民营企业并不落后，真正滞后的是企业家的精神世界，那些传统的、家族式的、带有浓厚的农业社会和计划经济色彩的价值观念。

我们都知道，有形的东西最容易形成和改变，无形的东西却是最难改变和形成的，而对事物的发展起着根本作用的往往是无形的东西。正因为此，拿破仑才会说："世界上最有力量的两种东西，一种是刀剑，一种是思想。从长远来看，思想的力量会胜于刀剑。"

人与人之间，企业与企业之间，为什么会有优劣良恶之分？究根结底，都要落在意识和思想上。当今的商业社会缺失的不是金钱，而是企业家的精神、梦想和价值观。企业内部的愿景、使命、价值观、组织、流程、人事安排等，全都体现了企业家的意志，包含着企业家个人的思想观念，因此企业家的每一个决策都会对组织产生系统性影响力，而这种影响是长期的、不可逆的。

约翰·科特曾说："如果变革涉及整个公司，CEO 就是关键；如果只是一个部门需要变革，该部门的负责人就是关键。"显然，这就是在告诫所有的企业主：企业是否能够成功转型，取决于企业家是否能够成功转型，而企业家转型的根本在于"转心"，即改变心智模式，对未来的趋势有前瞻性的预判，对客户需求和市场竞争的不确定性有敏锐的洞察力，能够结合企业内外部的情况抓住经营的核心命题，能围绕经营关键要素进行资源整合，且具备强大的影响力与号召力。

企业家要能够放下过去的成功，保持"归零"心态，回归经营的本质，重新审视自己的角色。未来的企业家，不再是过去"一人说了算"的老板角色，也不能一味地采用"强人管理"的方式，而是要逐渐走向职业化。曾经有人对国内外 100 多位成功或失败的企业家进行研究，最终总结出企业家的职业化修炼必须要做好以下四件事：

· 第一件事：为自己设立高远的目标

作为企业层级中的最高领导，没有人会强迫企业家一定得达到什么样的发展高度，对企业目标的规划全凭个人的思想和信念。可从企业竞争角度来说，如果一个企业没有高远的目标，总是走一步看一步，注定会屈居人后，甚至被淘汰。所以，企业家一定要懂得为自己制定更高的目标，并带

领全体员工朝着这个目标去努力，只有这样，企业才能不断
进步。

·第二件事：有主动自我反省的思维

无论企业的规模是大是小，企业家永远是站在企业金
字塔尖上的那个人。身处这个特殊的位置，从某种意义上
来讲，没有人能够制约企业家的言行，甚至也鲜有人敢直
言批评，企业家很难能完全虚心听取他人意见。更多的时
候，还是要靠企业家自我反省，总结自己在企业经营中的
得失成败。比尔·盖茨曾经对他的员工说："微软离破产永
远只有 18 个月。"张瑞敏也经常把"战战兢兢、如履薄冰"
挂在嘴边。其实，这些都是企业家主动自我反省的思维和
意识。

·第三件事：敢于根据时势自我变革

当外部的大环境发生改变时，企业家要有打破过去成功
经验的勇气，根据内外部的变化进行自我变革，如思维的转
换与突破，行为的调整等。自我变革的过程，其实是一个自
我否定的过程，必然要经历蝉蜕的痛苦，这是对企业家心智
的一项重要考验。

· 第四件事：不间断地学习和成长

对企业家而言，学习是一件很重要的事，但学习本身不是目的，真正的目的是通过学习，带领企业不断成长。当一个企业家自我感觉良好、停止学习的时候，往往就是企业即将停滞不前、走向衰败之时。商场变幻莫测，即便存在优势也只是暂时的，以战术上的勤奋掩盖战略上的懒惰，在老路上舒服地过日子，路就会越来越窄。

学习是一个系统化的过程，不是随意听两句有启发的心灵鸡汤就能够从思维层面真正理解这种观念，这种浅显而零散的吸收难以改变心智模式，更不足以让行为发生改变。真正的改变是全方位的，从知道到做到是一个漫长的过程，必须进行长期的知识储备、实践和思考。

企业家先要建立起一个结构化的知识框架，把吸纳的各种知识和信息链接起来，这就是读 MBA 和 EMBA 的作用，没有受过基本的商学院训练，就更谈不上"后 EMBA[①]"。然后，要不断建立起属于自己的思维体系，再通过多方面的倾

---

① 后EMBA是指EMBA的后续教育的教育内容，其内容与EMBA有所不同，侧重理念、观念教育，包括企业战略思维模式、战略思维视野、全球眼光和企业社会责任感等后EMBA属于非学历培训，相当于总裁班之类的培训班。

听、观察、反思和实践，形成自己的心智模式。最后，企业家还要结合企业的实际情况形成一个可落地的行动计划，这样的学习效果才是最大的。

总之，要学会驾驭方法论，成为思想的掌舵人，而不只是经验的捍卫者和工具的使用者。

没有完成角色的转变，就无法成为企业家

当我们在谈论企业家时，有多少人真正清楚"企业家"一词的深意？是不是每一个成功创立企业的人都可以称为企业家？抑或当企业达到了一定的规模，创始人就能够从创业者荣升为企业家？

很遗憾，答案全是否定的。不是拥有企业之后，创始人就能自动成为企业家；每一个拥有企业的人，必须完成三大角色的转变之后，才能够成为企业家。否则的话，就算他的企业在市场中占有一席之地，他也不能算是企业家。从市场竞争的角度来说，一个普通人带领的企业是不具备持久的核

心竞争力的，只有一个企业家才能站在战略的高度去看待所有的问题，带给企业真正的核心竞争力。他们知道，企业家必须有冒险和创新精神，机会性成功和战略性成功不一样。

那么，究竟需要完成什么样的角色转变，才能够从一个普通人蜕变成企业家呢？

·第一个角色转变：从超级员工到精神领袖

在企业规模较小时，企业家事必躬亲、身先士卒是很有必要的，这能帮助他熟悉企业的各项业务流程和岗位技能。不过，这种情况也很容易导致企业家养成随性拍板的习惯，总是凭借自己的理解和经验去做决策，让下属无所适从，结果形成管理权倒挂。原本是企业的高层领导，结果却成了乐此不疲的做事者，员工反倒成了管理者，一旦项目出了问题，最后的责任全都落在领导者身上，谁让当初是自己做的决策并参与执行呢？

当企业发展到一定规模时，企业家就不能再像之前一样去处理大量的事务性工作，因为精力和能力都是有限的，让专业的人做专业的事，才是更加理智的选择。此时要完成的角色转变就是，从一个超级员工转变成精神领袖，从了解工作本身转变成了解团队中的每一个成员，不用事事亲自动

手，但要把合适的工作交给合适的人，并教会员工自己发现
问题、解决问题，成为员工的导师和教练，成为企业的精神
领袖。

人是社会性动物，需要引领和指引，需要在精神层面
上获得共鸣，就像《战争论》中所言："要在茫茫的黑暗中，
发出生命的微光，带领队伍走向胜利。"面对新时代的挑战，
面对网络化的组织体系和全新的人才体系，企业极其需要精
神领袖这一盏明灯的指引。如果企业家能够在关键的问题上
爆发出力量，在员工身上用心用力，必然会形成一种无形
的、强大的感召力。

·第二个角色转变：从经营参与者到战略管理者

苏宁的董事长张近东说过："伴随着业务的发展，个人
角色从一线精英参与者转向战略制定者，更多精力放在经营
决策的把握以及整体战略方向的制定上。"这是适用于所有
企业主的一番箴言，企业家不能再像原来那样在一线"冲锋
陷阵"，而是要退居幕后，做一个战略的管理者，把握大方
向，制定大战略，发挥组织系统的力量，而不是靠自己超强
的单兵作战能力来支撑企业。

要成为战略管理者并不简单，需要有极强的实战经验，

以及超越实战经验的概括与提炼能力，有高于实践的概念能力和系统思考能力。如果不完全具备这些能力，就要加强学习，将外部知识内化成为自身的素养。

·第三个角色转变：从职业猎手到培育专家

许多企业家都是一路摸爬滚打走过来的，有强烈的成长欲望、远大的人生理想、无比敬业的精神，这也使得他们养成了超强的个人能力，就像商业丛林中的职业猎手。

当企业发展到一定程度后，企业家的精力和体力的不足就会暴露出来，单纯依靠个人能力已经无法支撑企业的发展，企业经营很有可能陷入停滞不前甚至倒退的境地。此时，企业家会发现自己成了员工膜拜却无法企及的巨人，而自己又没有培育出组织人才，不能把自己的经验系统化、可复制化，组织变得越来越依赖企业家个人。企业家变得愈发辛苦，也无法分身去做更大的规划，进行更深入的学习，业务分布没有规律，管理混乱没有秩序，企业家终日被业务问题和管理问题所累。

此时，企业家就需要从职业猎人向培育专家转变了，不再把个人的时间和精力全部用在"射杀"上，要把握企业经营的整体结构和战略方向，通过持续的培育，获得稳定而愉悦的工作和生活状态。就像农民种地一样，知道什么时候做什么事，什么环节需要注意什么问题：什么时候施肥，什么时候除草，需要规避哪些不必要的风险，等等。

从现实意义上来说，企业家完成这三个角色的转变，是企业从机会性成功转变为战略性成功的一个关键点。企业家和企业密不可分，有了战略管理者的企业家，才会有企业的战略性成功。所以，要成为名副其实的企业家，就得不断提高自身素质，并成为高瞻远瞩的领袖。

案例链接

余承东的自我改变：离消费者很远，就会出问题

1969年，余承东出生在中国安徽省的霍邱县，那是一个很小的县城。余承东凭借勤奋和努力，考上了西北工业大学的本科，后又在清华大学攻读硕士。1993年，他进入华为公司就职。因为经历过生活的磨难，又有不甘平庸的雄心，他身上具备了很多任正非所欣赏的品质。

2011年，余承东被华为任命为消费者终端CEO，领导终端转型。从接到任命的那天起，余承东就以自我转型为起点，开始了这一场硬仗。在此之前，余承东是一个很低调沉

稳的人，这也是华为人的典型风格，可在受命负责终端转型后，他变得格外高调和开放。

从 2011 年起，余承东开始在微博不断发布有关华为手机的消息。他会在第一时间与微博粉丝分享自己的心得体会，将华为手机的最新消息告诉大家，或是提出一些问题与粉丝讨论互动。之前，没有任何一位华为高管在微博上如此直接地表达对自己产品的热爱。作为设备供应商，华为早就已经按照客户的要求，隐匿自己的品牌，只顾埋头认真做事。

低调，曾是华为最吸引人的品质。而今，要直接面对消费者的华为，必须要学会表达自己、宣传自己，懂得直接跟消费者沟通。余承东成了华为第一个高调做事的高管，他在微博等平台发表言论，目的就是为了让更多的人关注华为手机品牌。发微博成了他的兼职，每天睡前都要与粉丝们互动，向大家介绍华为。这些消息里，有对华为手机的推广，也有对自我的反省和批评，姿态放得很低。

余承东说："过去媒体来见我们，我们不接受，都会躲，因为之前做 B2B 业务，不需要。现在做 B2C，我们需要让消费者知道，如果离消费者很远，就会有问题，我们要把自己最亲切的一面展现给消费者。"同时，他也希望自己能起到一个领头羊的作用，让华为内部的所有员工都像自己一样，在一切可能的情况下去推广华为手机。

任何企业的转型都是这样，唯有领导者先改变，才能引领团队改变。在企业转型期，领导者不仅要在思想上率先转型，还要成为第一行动者。如果只是发号施令，没有自我行动，转型最终只会变成一纸空文。

超越选择的困惑，不做精致的利己主义者

2016 年，在 APEC 利马峰会上，聚贸跨境电商董事长陆宏翔、Facebook 创始人扎克伯格都提出了对企业法则的创新见解，而其背后共同的精神基石就是利他精神。陆宏翔说："利他是成功企业的共同特质，在今天我们探讨话题的范畴下，我们始终思考的是如何让各经济体、企业之间实现互补、互利共赢，这个思考来自中国古老智慧的指引。它告诉我们，只有利他才能利己——单赢赢不了，共赢才是长久之道。这也是聚贸的理念、模式与目标。"

2018 年 6 月 12 日，浙商总会 2018 年半年度工作会议暨骨干培训学习会在杭州召开。马云在对企业生存状态进行分析时，给到会的企业家十四点提醒，引发了许多企业的生存思考，其中有一条提醒就是——利己独占不如利他共享。

事实上，马云曾经对生意人、商人和企业家作出这样的解释："企业家不同于生意人、不同于商人，生意人是有钱就干，商人是有所为而有所不为，企业家却是要以家国利益为重，以未来利益为重，以社会利益为重。"

生意人有钱就赚，甚至为了赚钱不择手段，禁不住利益的诱惑，没有原则和底线，其境界就是"小人求生，无所不为"。商人知道什么钱该赚，什么钱不该赚，拿该拿的，弃该弃的，有自己的原则和底线，其境界是"君子爱财，取之有道"。企业家不需要追求基本的经济基础，他们要的是为社会输出自己的价值，其境界是"顶级高手，造福一方"。

企业的重构，首先应当从企业家本人开始；而企业家的改变，又从其思想转变开始。企业存在的根本价值，是帮助特定的目标客户群体解决问题，要么提高客户的幸福指数，给客户带来愉悦的体验；要么降低客户的痛苦指数，满足客户未被满足的需求。不管从哪个角度说，这都是一种基于"利他"的理念而存在的逻辑。

在过去的几十年里，太多企业和管理者过分关注经济指标，过度看重经营业绩，而忽视了许多本质的追求、核心的价值以及人文的关怀。结果就导致了这样的局面：企业整天想的不是如何去帮助客户解决问题，而是如何快速地赚钱。做企业一定要盈利，这是无可厚非的，不赚钱的企业会成为社会的负担，然而这里牵扯到一个问题：赚钱与帮助客户之间是什么关系呢？显然，它们绝对不是相互对立、相互矛盾的，而应当有一个先后的顺序，且千万不能搞反：你为客户着想，换来的才可能是客户的满意度，待到那时，赚钱就是必然的结果。

企业家的格局、眼界、思想，以及经营管理的水准，直接决定了企业能否持续发展、基业长青。利己还是利他，也是企业家境界的分水岭。通常来说，抱有利己主义思想的企业家，往往都存在三个明显的特点，即满足、自负和孤独。

利己的企业家很容易满足，一旦企业收获了名利，企业家就会感到心满意足。创业之初的那份隐忍和坚韧，极有可能会因成功而变成挥霍、不思进取。商海搏击，不进则退，当企业家陷入这样的状态中时，也就为企业的发展停滞、没落衰败埋下了伏笔。

利己的企业家很容易自负，盲目地夸大自身的实力，忽略或弱化外界的因素。这种情绪一旦产生，企业家就难以听进逆耳的忠言，容易刚愎自用。

另外，利己主义的企业家容易私心过重，不愿意与人分享自己的真实想法，结果就使得他们难以获得员工的忠心和信任。这不是一个单打独斗的时代，孤独的企业家如何能带领团队走远呢？

相反，抱有利他主义的企业家，往往会呈现出另外三种不同的状态：进取、谦虚、融入。利他的企业家不会轻易满足于现状，因为深知服务他人没有止境，而名利财富也不是自己私有的。美国钢铁大王安德鲁·卡耐基就曾在《财富的福音》里阐明：财富是上帝委托他代众人保管的，他要将财富回报于社会。利他的企业家懂得谦虚，知道成功不是一己之力的结果。他们始终怀着一颗谦卑与感恩的心。正因为有着为他人着想、心底无私的境界，才能让员工心悦诚服。

当中小企业进入一个全新的市场时，企业主们不妨扪心自问几个问题：

- 我能给客户带来哪些独特的价值？
- 我能解决哪些尚未解决的问题？
- 我能在市场上生存的理由是什么？

基于利他的理念去思考问题，企业家很容易就会发现蓝海的坐标，因为看问题的角度变了，结果就会不同。可以说，有了利他的思维模式，就找到了产品创新的切入点，就能发现目标客户的现实需求、潜在需求和未来需求，以及没有说出来的需求。只要把解决客户的问题放在第一位，设计出来的产品自然能够获得客户的满意，这就是"利他主义"的具体体现。

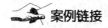 案例链接

稻盛和夫：利他才是经商的原点

2010 年 1 月，稻盛和夫已是 78 岁高龄，此时的他出任负债高达 2 万亿日元的日航的董事长，肩负起重建大任。多少人都在揣测和担忧：他不怕失败吗？在回答媒体提问时，稻盛和夫表示，他考虑的主要有两个问题：如果日航倒闭，会对日本经济造成巨大的冲击和破坏，同时会让 3 万多日航员工失业。虽然他对航空业和服务业完全不了解，也没有任何信心，但为了大义，他还是决定放手一搏。此时此刻的他，根本没有想过成功或失败，只想着必须努力做好。

在谈及日航改革时，稻盛和夫表示，统一思维方式很重

要。他和日航的员工一起制定了日航哲学手册，并重新确定了公司的经营理念——要让员工获得物质和精神上的幸福。要让员工意识到，自己不是为了股东或高管的利益而工作，而是为了全体的利益在工作。稻盛和夫认为，不能有利己的思想，要为公司的发展努力，这才是京瓷哲学的精髓。

在《活法》一书中，稻盛和夫开宗明义地指出"利他本来就是经商的原点"，他表示：在商业世界里，利己者虽然能取得一时的成功，但由于利己者凡事只用自己的得失去判断，因此，很容易掉入陷阱或陷入迷雾，看不清前方的路。有很多人遇到听上去对自己很有好处的商业机会就去做，但往往会失败。如果经营者是利他的，则眼前会一片清明。因此，会走得很远，取得长远的成功。

领导力的核心：使命、愿景、价值观

一个优秀的企业家，必有坚定的使命，有对愿景的描述、坚定信念和特色价值观，这是领导力的根源与核心。当你有了清晰的使命，才能够感召他人；当你有了清晰的愿景，才能够凝聚他人；当你有了清晰的、备受认可的价值观，才能够让他人追随你。

马克·吐温说过："人的一生有两个最重要的日子，一天是出生，一天是找到自己的使命。"什么是使命？通俗来讲，就是为什么而活着。在追问人为什么活着时，探讨的是生命的意义；追问公司在为什么活着时，思索的是商业的意义。

赚钱是企业的功能，规模、利润、市值是企业的存在状态，这些都不是企业的使命。通过提供产品和服务推动社会进步、促进经济发展，让商业惠及社会、惠及人民，才是企业的使命。你有什么样的使命，招聘的角度、组建的团队就是什么样子。

迪士尼公司的使命是"make the world happy（让世界快乐起来）"。所以，他们最早招进来的员工都是很开心的人，悲观的人没办法融入这个公司。他们的戏剧、电影、玩具……所有东西都是让大家开心的。GE（通用电气）最初的使命是"让天下亮起来"，从老板到员工，包括传达室的人，每个人都希望让当时只能亮两三分钟的灯泡可以坚持二十分钟乃至更久，所以现在加入 GE 的人充满着"我的工作是让世界亮起来"的荣耀感。

很多人不理解：总是谈论使命，使命究竟有什么意义呢？

使命，不是写在墙上给别人看的，而是融入骨子里的一种信念；无论公司大小，使命是重要的精神内核。使命，在公司面临生死攸关、重大利益抉择时，特别能够凸显作用。

企业家要做的是为社会输出自己的价值，其境界是"顶级高手，造福一方"。唯有使命，才能激发企业家内心深处的动力，使其超越自我，不带任何功利地成就他人、服务社会，在拼杀闯荡中守望梦想，在艰难跋涉时心怀希望，在开拓未来中不忘初心。

使命，也让企业家赢得尊敬。倘若所有的企业都一味追求规模、利润、市值等指标，带来的必然是野蛮生长、血腥拼杀、资源枯竭乃至见利忘义。十九大制定了新时代中国特色社会主义的行动纲领和新时代发展蓝图，在新的历史方位上，对企业家而言，把个人理想融入民族复兴的伟大实践中，以更大的担当精神、更大的使命愿景、更大的家国情怀、更大的创造精神去履行社会使命，是最大的机会。

具备了使命感，是否就能获得源源不断的动力，创造出奇迹？

显然不是。你告诉员工企业的使命是什么，这个东西有多么重要，现实的意义并不大，因为它不够直观，仿佛空头支票。相比而言，员工更关心的是：企业未来有什么发展前景？我在这个平台能够得到什么？所以说，企业有了使命，还需有愿景。

吉姆·柯林斯和杰里·波拉斯在他们的著作《基业长青》里说道："那些基业长青的公司拥有 BHAG（Big、Hairy、Audacious、Goals），即宏伟、艰难和大胆的目标。多数时候，BHAG 让人觉得不可思议，却又能刺激人的内心，使人们充满希望，愿意全身心投入其中。"

这就是愿景的效用，企业家不但要向员工描述未来的图景，还应当告诉员工，实现了未来图景后会是什么样。那些充满诱惑力和驱动力的途径，往往能够调动员工的情绪，召唤他们跟随。只有明确了愿景和使命，企业才不会随波逐流，才能熬过所有的困难和艰难的抉择，走在正确的路上，做自己想做、愿意做、喜欢做的事情。如果我们所做的事情，连自己都不认可、不喜欢，那么既不会开心，也难以长久。

一个不会赚钱的企业不是一个好企业，一个只会赚钱的企业也不是一个优秀的企业。一个优秀的企业应当有具备企业家精神的掌舵人，有历史使命感，有良好的企业文化，有高度的员工利益捆绑，有精神追求。我们常常会听到"魅力人格"这个说法，对企业家而言，在描述愿景的过程中，就会散发出个人魅力，让员工愿意和他一起，为了共同的使命去拼搏。愿景的伟大，有时并不在于目标多么远大，而是在于共同努力的过程。

改变底层逻辑，从顺思维走向逆思维

　　动物是本能的产物，而人是底层逻辑的产物。

　　底层逻辑是一个根深蒂固的东西，一旦形成就很难改变。我们会看到很多人打心底里不认同工作是一种自我价值的实现，完全将其视为谋生手段。他们辗转多家公司，却没有在一处脚踏实地地努力过，也没有一份职业发展规划，更没有为一件事奋斗和坚持过。他们总在跳槽，总在抱怨生不逢时，总在指责公司苛待员工，总在感叹没有慧眼识人的老板。就这样兜兜转转，跳槽、清零、重来，再跳槽、清零、重来，宁愿辛苦而无所获地走原路，也不愿改变自己的底层逻辑。

　　格局与价值观的高低，直接影响着个人事业的成败，而价值观的核心就是底层逻辑。普通人如是，企业家亦如是。当企业所处的整个大环境以及与用户的关系都在发生改变时，企业家也必须要改变自己的底层逻辑，从"顺思维"向"逆思维"转变。

　　什么是"顺思维"？简单来说，就是基于市场的定位和选择，以自我为中心，按照传统的经营逻辑，从企业向用户传递自我定义的价值。这种思维也传递价值，只是这种价值是自我定位的。当定义的目标市场需求足够庞大时，利用"顺思维"还可以获得高业绩和高盈利。然而，在互联网时代，企业与用户之间有着高频的互动，如果还采用以自我为主的思维模式，就很难与用户产生共振。

　　如果采用"逆思维"，情况就不同了。企业会从用户的角度出发，根据用户的需求来安排自己的经营，用户要什么就提供什么，这种用户价值不是企业自己定义的，而是用户来定义的，企业只是提供响应而已。

　　举例来说，当一家终端门店的会员长时间没有增加时，"顺思维"的企业主会问："为什么这款产品和服务销售不好，库存居高不下？"而"逆思维"的企业主则会问："哪些产品和服务的销量好？那些客户是以什么方式购买的？为什么它们能做得很成功?"两种思维方式，导致的结果大不相同。总是寻找失败的教训，会不断增加挫败感；始终寻找成功的基因，就能增强自信，从一个成功走向另一个成功，开启良性循环。

 **案例链接**

牛根生的逆思维：

不管螺丝怎么设计，正向反向总有一个拧得开

提起蒙牛，不得不说牛根生，他是一位典型的具有逆思维的企业家。

2001年年底，牛根生提出蒙牛未来五年要达到年收入百亿元的目标。这让员工们目瞪口呆，要知道，当时蒙牛的年销售收入只有3亿元。很多人都觉得，这根本就是"异想天开"，凭借蒙牛当时的条件，是不可能实现的。

牛根生丝毫没有被他人的质疑动摇，他要求员工用"逆思维"的方式去考虑问题：不问我的一双手能干多少事，唯问移泰山需要多少双手？不问我的一口锅能煮多少斤米，唯问劳千军需要多少口锅？不稳我的一盏灯能照多少里路，唯问亮天下需要多少盏灯？

他开始从管理层入手，一步步地进行引导，从目标出发，反向推演：倒推资源配置，倒退时间分配，链接战略战术和方法手段……蒙牛团队在牛根生的"逆思维"的指引下，突破了各种思维的枷锁，开始了切实的行动。

五年过去了，再看当初设立的百亿元目标，所有人都不再怀疑，他们超额完成了既定目标，从一家不太知名的企业，跃升到行业前列。而这一切，都源自蒙牛领导人牛根生提倡的"逆思维"。

成功有时没那么难，就如牛根所言："不管螺丝怎么设计，正向拧不开的时候，反向必定拧得开。山重水复，此路不通的时候，换换位，换换心，换换向，往往豁然开朗，柳暗花明。"

摒弃独霸市场的想法，构建共赢的思维

两个人对弈，可能会出现的情形只有三种：我赢你输，我输你赢，和棋。不管棋手的技艺多么高超，不管棋局如何变化，发挥的空间始终都在棋盘上，逃不出这三种结果。

商业环境比棋盘复杂得多，两家企业在市场中交锋，会受到其他因素的干扰，很有可能双方都会被这些因素改变命运。企业之间的博弈，除了上述这三种情况之外，还有我输你输（双输）、我赢你赢（双赢）、你赢我赢他也赢（共赢）的结果。

哪一种结局最理想？无疑是最后一种，即共赢。

在企业的现实博弈中，如果企业家不懂得共赢的好处，就会想尽办法让对方输。纵观市场中的那些价格大战，其实就是一种"我赢你输"的策略。

甲公司宣布，自己的价格总比别人低10%；乙公司有针对性地回应，我们的卖价不会高于任何人。两家公司都把价格当成主要战略，用对抗的策略来相互回击，原本的初衷是"我赢你输"，结果却往往以两败俱伤而告终。按照他们的战略，双发的价格为零时才能达到目标，这自然不可能实现。

如何避免这样的结局呢？正确的选择就是，不能总想着让对方输，要寻找双方利益最大化的共赢点。

商业模式思考的是价值创造体系，是商业生态，是若干利益相关者之间的连接方式，甚至是跨越多个行业、多个企业之间的合作，是一盘很大的棋。这盘棋能否下活，关键点就在于这些相关方在利益上是不是共同的、一致的。没有共赢的出发点，企业就只能在自己的小天地里折腾，而企业家身边的员工、合作伙伴也只能是低层次、低水平的。要突破这个局限，就得有共赢的心态，强强联合才能打开新的世界。

两人下棋是双边思维，而经营企业是多边思维。企业家经营的企业，近距离看它只是自己的企业，如果把距离拉长来看，它就成了整个市场"生物链"上的一个节点。因此，企业家要把自身考虑的范围突破到"我"之外，树立从"我赢"到"共赢"的思维意识，有"众乐乐"的气度和胸怀。如果整天盘算着自己的好处，获得的利益反而会越来越少。

所有的优秀企业家，都是勇敢的利他主义者，而共赢思维的本质也是"利他"。李嘉诚总结自己的从商心得时说过：做生意要打出以利人为先的牌；小利不舍，大利不来。企业家最怕的就是自我封闭，从自身利益的角度考虑问题，与上下游之间、与企业员工之间形成交易关系，交易带来博弈，博弈带来矛盾，时间久了，就很容易因封闭而产生自我满足和自我膨胀。

交易思维会把业务做成买卖，而共赢思维会把业务做成事业，与所有相关者共同的事业。共赢思维是检验一个企业家能否跳出企业看企业，能否具有高站位、大视野、大格局的试金石。新时代的企业家，想在市场上获得更大的成功，就必须抛弃独霸市场的想法，与内外部的人才共创价值，共享成功。

自上而下做解答，不如自下而上做选择

一直以来，多数企业都习惯了"自上而下"的工作模式，从老板到高层，再到中层，最后到员工，逐层逐级地发号施令。结果可想而知，老板和高管筋疲力尽，每天都要面对大量的难题，解决完这个问题又出来那个问题，日复一日，无休止地劳心费力。

试问：真正了解市场情况、清楚客户需求、深谙竞争之道的人是谁？不是高层的领导，而是身处底层的员工。他们比任何人都清楚问题的症结出在哪里。只要把他们的利益和企业的利益捆绑到一起，对其提出严格的要求，他们有能力想出各种各样的解决办法。

有人曾将老板分成两类，一类是问题型，一类是答案型。问题型的老板，总是不断给下属出难题，设立有挑战性的目标，当时会让下属感觉压力很大，但是事后员工会发现，自己的成长速度也是迅猛的。答案型的老板，始终在面对员工提出的问题，并习惯性地给出"英明"的答案，这种做法即时效率是很高的，但弊端也很明显，公司发展得越大，事务越多，老板就越累，而员工越不愿动脑。老板苦恼没人可用，员工抱怨老板不放权。

显而易见，自上而下做决策不是最明智的选择，那样只会增加员工的依赖性；真正正确的解决问题之道是，让最了解情况的人来提建议，而高层领导负责做选择。换句话说，企业家要认识到，自己的角色不是问题的解决者，而是问题的给予者和资源提供者。要学会让下属独立面对问题，思考解决方法并采取行动。

最常见的例子就是开会，老板可在会议前一天，告诉与会者第二天要讨论的话题、要解决的问题，让大家提前思考和准备。在开会的过程中，老板不要滔滔不绝，尽量最后一个发言，要让参与会议的下属针对某一个问题发表明确的看法，此时老板别急着下结论，要耐心倾听、思考。如果下属提出的 N 个方案中，都有可取之处，可以让相关负责人整合大家的不同意见，将优点结合起来，进一步细化并形成统一的方案；也可以让两三位提出解决方案的人各自去完善他们的计划，几天后再讨论最终选择哪一个。

这样的开会方式，改变了自上而下的模式，也能激发下属的主人翁意识。最终的建议不是老板提出来的，而是他们自己提出来的，谁不愿意努力去证明自己是对的呢？就算高层领导事先不知道该如何解决问题，不了解具体的情况，在听取了不同人的不同方案后，也能基本明白，只要从中选择比较满意的就行，这样做比自己花费精力逐个解答和处理问题，效率要高得多。

这种方式还有一个好处，就是给了老板一个观察下属的好视角。由于事先没有下定论，下属就不知道老板的心思，可以避免沿着老板的思路去发挥，减少溜须拍马、阿谀奉承的情况。毕竟，忠言逆耳，老板不能只听奉承话，还要听得进不同的意见。针对一个问题的看法，老板也能够观察到每个下属所站的立场、所花费的心思、敢不敢说真话等。

与此同时，老板还应当培养每一个员工带着答案找上级的习惯。比如，遇到了一个难题时，他们拿不准主意，或是不知所措，就带着问题来找老板，询问解决之道。这个时候，效率最快的方式就是，老板结合自身的经验帮助下属分析问题，给出解决的办法。但就如我们前面所说，这会让员工养成依赖性，丧失思考能力，削弱他们解决问题的积极性，一有问题就习惯性地推到老板那里，或者干脆等着上级发号施令。所以，即便老板知道答案，也不能立刻告诉下属，顶多帮他们理一下思路，要鼓励他们积极思考，逐渐提升解决问题的能力。

换而言之，当员工把问题推给老板的时候，老板要想办法把问题推回去，反问员工："你认为该怎么办？"让员工思考两三个不同的方案，共同来探讨，分析个中的利弊。这样有助于培养下属形成缜密思维的习惯，摆脱走一步算一步的消极心态。

有句话说得很实在："不懂带人，你就一个人干到死。"真正的领导者，真正的企业家，不能变成一头只懂低头拉车的老黄牛，要把"思考"留给员工，把"时间"还给自己，集中精力去抬头看路，把握正确的方向，做企业真正的"船长"。

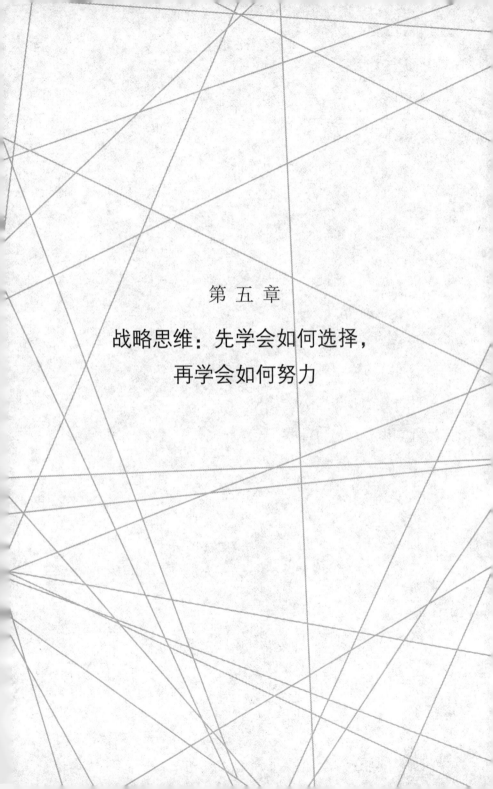

第 五 章

战略思维：先学会如何选择，
再学会如何努力

> 战略是解释为什么要做这件事，战术是解决怎么去做这件事；战略牵涉的是选择的问题，战术牵涉的是努力的问题。战略思维能够让企业清楚地界定赢利的来源，以持续发展为依据选择行动。在社会分工越来越细的今天，选择"不做什么"，比选择"做什么"更重要。

没有战略的战术，做的全是无用功

2016 年，李开复带着自己投资的一些项目到硅谷 UBER、AIRBNB、谷歌总部考察，回来时说了这样一句话："中国创业者和美国创业者最大的区别在于两点，大格局和大战略。"

"战略"这个词语，对于任何企业来说都不陌生，甚至是一个在多个场合被老生常谈的话题。然而，知道并不代表理解，理解也不代表实践，知与行之间还有着一段长长的距离。如果现在询问私营企业主：你们的战略是什么？支支吾吾说不上来的、解释含糊不清的，并不在少数。

这种现象也很正常，有一些企业主早年因为抓住机会赚到了第一桶金，然后顺势做了某一行业的生意。可当生意发展到一定规模后，思考上的不足就开始显露出来，他们甚至完全没有想过战略的问题，考虑的全是眼前的利益，而不是未来的蓝图，结果生意做得越来越艰难。

是不是有了梦想和目标，就等于有了战略呢？其实不然，我们举个最简单易懂的例子。

某人把考研当成自己的理想，每天四点起床，背单词、看政治课、看专业课，还要上培训班，每天花在学习上的时间有十几个小时，只能睡五个小时。所有的努力都是为了考研这个目标，这算不算战略呢？很遗憾，这只是战术上的勤奋。

你问该考研者：你为什么要考研？考研之后有什么打算？他略带羞涩地笑答："我也不知道为什么考研，周围的人都在考。至于考研之后做什么，我也没想过，可能是继续深造吧。"为什么要考研？考研之后的打算是什么？这些都是关乎战略的问题，很遗憾，考研者根本没有想过，这就是战略上的缺失。

战略，是解释为什么要做这件事；战术，是解决怎么去做这件事。战略牵涉的是选择的问题，战术牵涉的是努力的问题。如果企业没有平衡好"得"与"失"的关系，从产品研发、采购、生产制造到销售，只要有利润就想做，结果就会变成，企业规模增加了，可利润却很微薄。殊不知，有舍才有得。现代社会分工越来越细，选择"不做什么"，比选择"做什么"更重要。

三星集团之所以能在短短二十几年的时间里成为世界知名的企业，原因就是它的领导人李健熙懂得战略思考，并将其视为自己最重要的职责。刚刚从父亲李秉哲手里接过三星时，李健熙把自己关了三天的"禁闭"，为的就是思考三星的目标和实施的路径与方法，然后带领三星的所有员工展开一场全面的变革，最终让三星迈进了世界一流名企的行列。

战略都需要思考哪些问题呢？德鲁克曾在《自我管理》中提出过五个经典问题：

- 企业到底是谁，将会是谁，为外部做出哪些贡献？
- 企业在哪些市场竞争，为哪些客户服务？
- 企业如何为客户服务，并有哪些优势？
- 企业在产业链中的角色，以及资源整合的方式？
- 企业资源配置的先后顺序，以及具体落实的计划？

如果能够把这五个问题思考明白，基本上就理解战略的意义了。所谓战略，就是在特定的经营背景下，围绕目标客户，通过有效整合资源来提供价值贡献，以获取竞争优势，并明确资源配置的先后顺序。简单来说，就是定位组织来获取竞争优势，通过有系统地放弃和有组织地努力来创造独特的价值，获得竞争优势。

对企业而言，战略重构是企业重构的核心，不能只看今天的成就和收益，还要想清楚企业未来五年到十年的发展目标与路径，找到企业活下去的理由和价值，并将这种实现目标的成功逻辑想透彻、讲清楚，让企业的每一个成员都理解，并愿意朝着这个方向共同努力。

战略规划不只有"形"，更得有"魂"

在弄清楚什么是战略之后，多数人都会继续思考：如何制定战略规划？是不是把德鲁克提出的五个问题逐一给出解答，就能够形成一个完整的战略？答案显然是否定的，这些问题能够让企业明晰该做什么、不该做什么，但它只是战略规划报告的"形"，要更好地理解战略、制定战略，还要抓住指导战略规划制定的"魂"，也就是战略的基本属性。

战略应当具备哪些属性呢？概括来说，主要有五个方面：

·属性 1：预判性——对内外部的发展和变化指出大方向和主基调

开篇时我们就谈到了局势思维的重要性，很多企业的成功，实质上都是把握住了时代的趋势，让努力变得更有针对性。企业在制定战略时也一样，要看清楚政治、经济、社会生活以及技术等的总体发展趋势，了解这些外部变化会给企业带来怎样的影响，有针对性地制定顺应时势的战略。

现下，"互联网 +"、智能制造、AI（人工智能）等皆为大势所趋，企业可以据此判断自己能在哪些行业、哪些市场、哪些产品上大展拳脚；产品的竞争已经落下帷幕，取而代之的是面向客户做整体解决方案，不能只在原产品上做纵向的技术升级，而是要融合多技术专业推出全新的服务与方案，朝着自动化、网络化和智能化的方向发展。

趋势的判断对一个企业的成功至关重要，只有站在风口浪尖上，才能看到下一个风口、下一个浪头在哪里。有了预判性的思考，企业才能始终比竞争对手快半步，知道哪些东西是重要的，哪些是不重要的；哪些是该做的，哪些是不该做的，有效把握竞争的主动权和经营的主导权。

 案例链接

百年老店 IBM 的精准预判力

IBM 是很多百年老店中转型最为成功的一个。在 20 世纪 90 年代，很多人都不太理解，IBM 为什么要从整套产品提供商向解决方案服务提供商转型？当时，IBM 的转型方向有很多，为何要把目标指向整套解决方案的服务提供商呢？直到今天，我们回过头去看 IBM 的选择，不得不佩服它的前瞻性的思维。

我们都知道，在 20 世纪 90 年代初，索尼、宏碁、华硕等品牌迅速崛起，电脑市场开始模块化，行业的门槛变低，产品同质化日益严重。嗅觉敏锐的 IBM 提前看到了市场的变化，开始斩断过去传统业务的羁绊，朝着解决方案服务提供商转型。

有人曾经这样比喻 IBM 的转型，说它以前像是靠卖鱼竿赚钱的，当它发现谁都可以卖鱼竿时，它就改行去教别人

钓鱼。这一比喻极为恰当，IBM 的转型就是基于对行业的精准判断。如果要预判 IBM 下一个转型方向的话，很可能是为中小企业提供大数据的基础设施。换句话说，它既不卖鱼竿，也不教钓鱼了，而是告诉客户鱼在哪儿，你自己去学着钓吧！

·属性 2：差异性——给客户选择你而不是竞争对手的主要理由

中国改革开放四十年里，中国的市场发展和企业前后经历了四个阶段，我们可以用四个关键词来总结：

·规模：市场需求量大，企业无暇顾及客户需求的差异性，此时谁的规模制造能力强，谁就具备竞争优势。

·品牌：物品日益丰富，客户的需求得到了较大满足，此时广告、宣传和策划能力成为企业的核心竞争力。

·渠道：消费者对广告已产生疲劳，广告战带来的边际收益在缩减，此时围绕渠道进行深度营销的能力决定着企业的竞争力。

·个性：深度营销已成为销售人员的基本功，渠道争夺也进入同质化和白热化。移动互联网时代，消费者更强调个人体验，此时的主动权开始倾向于消费者一方，满足客户需求的个性化定制成为企业的核心竞争力。

尽管四个阶段的情形不同，但有一点是共通的，那就是差异化始终没有脱离客户这个基础。战略的差异化体现在，你要回答自己和别人做的有何不同，为何让客户选择你而不是竞争对手。要做到这些，就得挖掘出客户未被满足的需求，并思考用什么样的方式更好地满足他们的需求。只要扭转了观念，站在客户的立场去考虑问题，要做到这一点并不算太难。

·属性3：系统性——理解整体与局部的关系，把企业放在大范畴中思考

对于各个部门和职能板块来说，企业是一个整体；对于整个产业链来说，企业又是一个局部。系统性思考就是，打通企业内外部和企业上下层之间的关系，知道企业的目标是什么，为什么要制定这一目标，实现目标需要哪些资源，通过哪些方式实现资源整合，相关利益方如何合作，过程中存在哪些风险。

许多企业在经营上总是抓不住问题的核心与重点，总

是在表面上应急救火，归根结底就是缺少系统性的思考。比如，许多企业知道创新的重要性，就在研发上下功夫，可研发出来的产品不被市场接受，企业主百思不得其解。殊不知，产品的技术方向和客户的需求之间有很大的鸿沟，追求技术的先进必然会拉高产品的价格，加上先进的技术并没有很好满足用户的需求，自然难以被消费者接受。

要解决这样的问题，需要把研发人员和销售人员结合起来，共同服务用户，在服务用户的过程中去完善产品。抑或组织一批懂技术的人员，链接销售部和市场部，通过市场部来牵引技术的优化。两者形式不同，但实质是一样的，就是围绕着用户做研发，让企业内部无障碍传递用户的需求。

· 属性4：协同性——保证资源配置的结构与节奏科学合理

战略协同性，就是保证企业内部资源配置与功能设定相互支撑，彼此促进，而不是相互对立和损耗。战略实现需要资源作为保障，要能够落地执行，如果不能落地，任何战略都没有意义。因此，企业必须围绕战略路径，科学有序地配置资源。

企业在确定了战略方向和目标后，要坚持全公司一盘棋，研发、制造和营销部门之间的战略举措要相互支撑、彼此促进，人力与财务部门的举措要跟业务主线相关部门的举措同步、互补，这就是协同性的具体体现。如果战略规划缺乏协同性，各个职能部门自说自话，就会导致大量管理资源的浪费与耗损。

·属性5：利他性——站在客户的角度思考企业存在的理由和价值

迈克·波特在《什么是战略》中提道："战略的价值创造和战略的配称性（协同性），为客户创造价值的利他性思考，是战略思考的根本出发点。"

那么，如果战略不以利他性为起点，会发生什么样的情况呢？

当企业不以利他性为出发点时，就会把核心落在另外两个点上，即竞争和组织能力。

国内不少企业在制定战略时都会把竞争视为核心，结果就是陷入同质化的价格混战中，每天思考的都是如何杀伤竞争对手，企业规模不断扩大，获利能力日益萎缩，企业的生存之路变得愈发艰难。与此同时，把战略和能力混为一谈，也是错误的思维。组织能力是为战略提供支撑和服务的，把组织能力当成核心，企业从表面上似乎是越来越规范了，但运营系统会变得越来越封闭，变成没有方向的瞎折腾。

企业想做大做强，必须站在用户的角度去思考，看看他们真正需要的是什么，思考如何为用户提供价值。没有价值，企业就没有存在的理由和必要。所以，战略必须要具有利他性，只有这样，企业才能不断寻找用户尚未满足的隐性需求，不断重新定义用户的需求，为其创造更好的用户体验。

战略规划三部曲：让企业成为你想要的样子

战略规划的作用，简单来说就是，说清楚企业目前处于什么样的状态，要达到的理想状态是什么，以及通过什么样的路径来实现。从整体上来看，战略规划的制定需要经历三个步骤：

·step1：战略反思——全面梳理企业目前所处的状态

战略虽是面向未来的，可在制定战略之前，首先要做的是梳理过去，进行深刻的战略反思。企业主不妨思考一下：企业过去是如何获得成功的？企业当前面临哪些挑战？企业是否具备可持续成功的条件？这是一个不可或缺的步骤，就如德意志帝国的"铁血宰相"俾斯麦所说："只有向后看得更深远的民族，才能向前看得更清楚。"唯有正视过去，直面问题，才能真正地解决问题。

许多企业不知道如何自检，其实只要把侧重点放在可控因素上，就能完成这项工作。自检的工具也很简单，借助行业趋势表和企业活力表即可。行业趋势表主要分析的是需求总量增速、平均利润率和渠道销售结构；企业活力表主要分析的是产品销售结构、用户结构、市场结构、利润结构和人员工资结构。借助这两项工具，企业就能测评出自身的获利能力、获利方式、活力水平，查找出自己在哪些方面存在问题。

在查漏的同时，也别忽略了检查自身特质与未来的成功是否匹配。比如，人才、资金、企业文化、品牌影响力等，是否有足够的实力和优势，为将来的发展提供持续有效的保障。

· step2：战略设计——定义达到理想状态的实现路径

在设计战略规划时，应当从哪儿入手呢？四个字——市场机会。

先明确企业的目标客户是谁？想在目标客户心中占据什么位置？让目标客户选择你的必须理由是什么？企业的竞争对手有哪些？弄清楚这些问题之后，再把产品完整清晰地描述出来，将企业五年后要达成的目标清晰化，设计好建立竞争优势的路径，分析清楚成功要素和主要挑战，把组织架构与财务分析细化。上述工作完成后，再把战略任务分解成一个个战术，落实到具体的职能部门和个人，明确考核标准和考评时间。

再次强调一下，战略讨论的是企业未来的发展问题，而不是近两年的生存问题；战略要从完整产品的角度去找寻差异化，而不是去生产同质化的产品；战略要强调产品的独特性，而不是功能与价格。这些具体的内容，还要让企业的各职能部门根据大战略去制定各自的实施计划，并协同其他部门完成互补合作。

·step3：战略实施——让企业成为自己理想中的样子

战略实施是承接战略设计，让战略落地的关键。毕竟，考虑得再全面也会有不足的地方，战略实施的过程就是对战略设计进行微调的过程，两者是相辅相成的。在做战略设计时，要考虑到能否实施；在实施的过程中，要对战略设计进行修订。

如果战略设计不科学、不合理，战略实施得再好，都是没用的。这就如前面所言，战术上的勤奋，弥补不了战略上的缺失，在错误的方向上跑，越努力偏离目标就越远。如果战略设计很美好，而战略实施不到位，那就等于纸上谈兵，没有实际的商业价值。

战略实施不是一件简单的事，想真正落实到位，需要有强大的执行力作为支撑。然而，在提到执行力时，不少企业主都会将问题和责任归咎于员工，试图通过专门的培训来提升执行力。结果如何呢？员工听得激情满满，但没过三天就"打回原形"，又恢复到从前的状态。

为什么会这样呢？很简单，外因是通过内因发挥作用的，外部施加的影响力永远是短效的，缺乏根基的。企业需要的执行力，不仅仅是员工的执行力，更是组织的执行力。

执行力包括三个要素，即方向、标准和保障。所谓方向，就是战略目标要清晰，不被认可或不切实际的方案，很难达成共识，因此企业必须重视战略设计过程的参与度和共识度。所谓标准，就是指要执行到什么程度，不能存在含糊不清、模棱两可的状况，一定要严谨再严谨。所谓保障，即要做成什么样子，实现了能得到什么回报，做不到会受到什么惩罚，奖罚分明。

要做到这三点，管理层应首先身体力行，为员工作出表率。如果管理层没有做好，单纯地对员工进行培训，无法从根本上解决问题。

一场 "血" 的战斗——竞争战略

美国学者迈克尔·波特在 1980 年出版了《竞争战略》一书，为商界人士提供了三种卓有成效的竞争战略：总成本领先战略、差异化战略、专一化战略。竞争战略是企业战略的一种，在波特看来，上述三种战略是每一家企业必须明确的，不能徘徊于其间，否则企业注定是低利润的。

·总成本领先战略

总成本领先战略也叫低成本战略，是指通过有效途径，使企业的全部成本低于竞争对手的成本，甚至是在同行业中最低的成本，从而获得竞争优势的一种战略。客户从来不关心企业的成本，他们在意的是不同企业的价格，成本领先战略实际上是低价格战略的内部条件，企业可通过成本领先优势来实施低价格竞争策略。现阶段，有不少家电企业通过运营的精益求精，实现了成本领先，让价格极具竞争力，以此获得成功。

　　总成本领先战略是企业最基本的竞争能力，很多战略都建立在成本优势的基础上。无论企业选择哪一种竞争战略，成本优势都是不容忽视的核心问题。

案例链接

沃尔玛——天天低价，薄利多销

　　宜家家居创始人坎普拉德说："有价值的低价格才是宜家成功真正的秘诀。"这句话道出了宜家成功的秘诀。世界商业史反复印证着，谁能以最低的价格提供好的产品，谁就会在所属的行业中独占鳌头。

　　沃尔玛是美国最大的连锁零售商。1962 年，沃尔玛的创始人山姆·沃尔顿在美国阿肯色州创立第一家沃尔玛门店，1990 年沃尔玛成为全美第一大零售企业，2002 年沃尔玛荣登世界 500 强的冠军宝座。可以说，每隔 10 年，沃尔玛就会更上一层楼，而让它取得这一成就的重要原因就是，它成功地实施了总成本领先战略。

沃尔玛把节约开支作为自己的经营理念，这也是实施总成本领先战略的前提条件。接着，沃尔玛把物流循环链条作为实施总成本领先战略的载体，并利用发达的高科技信息处理系统作为总成本领先战略实施的保障。当一家零售企业在采购、存货、销售和运输等各个商品流通环节把成本将至行业最低时，它必然也能给予客户价格最低的产品，这就打造出了它的成本优势。

不得不说，沃尔玛的成功为许多企业带来了成功的启示。

首先，是要找准适合的竞争战略，并正确地实施。沃尔玛很清楚，自己的经营对象既不是产品，也不是市场，而是成本。只有成本领先，才有可能在市场竞争中获胜。基于此，沃尔玛确立并实施了成本领先的竞争战略。那些业绩平平、在夹缝中艰难求生的企业，绝大多数都没有明确的竞争战略，它们既不是低成本控制者，也不是独树一帜的产品或服务提供者，模糊不清的战略和不恰当的实施，导致这些企业处于微利或亏损的状态。如果不及早确定自己的竞争战略，创造出竞争优势，那么迟早要被市场淘汰出局。

　　其次，全员参与战略的实施。成本领先战略的实施涉及了企业的很多方面，单靠其中的某一个环节或某一个部门是很难实现的，需要全员参与，营造出一种以成本领先战略为中心、注重细节、讲究节俭的企业文化，让所有的行动和措施都围绕这一核心来展开。

　　再次，取得供货商的信任与合作，走双赢的路线。一些零售商由于自身经营不善，总是拖欠供货商的货款，甚至压榨供货商的利润，导致供货商的利益受损，最终失去供货商的信任，对自身的经营也产生了负面影响。只有双赢的路线，才能让彼此走得更远。

　　真正做到了成本领先，就能够对消费者实施"天天平价，薄利多销"，取得消费者的信任。如果把杂乱的费用都附加在消费者身上，大玩投机取巧的文字游戏，伤害的不仅是消费者，也是企业自己的"前途"。

·差异化战略

　　差异化战略也叫特色优势战略，是将企业的产品或服务差别化，树立起一些全产业范围内独树一帜的东西。实现差别化的方式有很多，如性能特点、技术上的独特、顾客服务、商业网络以及其他方面的独特性。

不少企业主认为，竞争就是要达到最好，因而总在通过找到某种最佳的方式来赢得竞争。事实上，任何一个行业都不是只有一种最佳方式，毕竟客户的需求是多种多样的。"数一数二"并不是战略，只是一个希望和愿景；战略不是目标，而是方法，也就是如何去成为"数一数二"，如何去实现你的竞争优势，实现行业内的独树一帜。

如果你能创造出别人无法提供的东西，且品质优秀，自然就能够让顾客感受到比其他竞争对手更多的价值。以苹果和特斯拉为例，它们创造的产品就是独一无二的，且两种都走高端路线，也极具技术含量，颇受消费者追捧。

📎 案例链接

价格超过 2000 元的垃圾桶，为何也有人埋单？

VIPP 是丹麦的一个品牌，最初是靠设计生产垃圾桶起家的。

1939 年，一个名叫 Marie 的女士开了一家美发店，她希望从事设计师工作的丈夫 Holger Nielsen 能为店里设计一款不落俗套的垃圾桶。Nielsen 没有辜负妻子的期望，送了她一份漂亮的礼物——第一个脚踏式垃圾桶，取名为 VIPP。

　　不久以后，他们就正式成立了一家设计制作垃圾桶的公司，并逐渐发展成丹麦钻石级的卫浴品牌。VIPP在发展的过程中，选择了差异化战略，为顾客营造一种高贵的感觉。比如，他们会用橡胶软垫包裹垃圾桶的边缘，减少垃圾桶合上盖子时发出的声音，也能够更好地隔绝垃圾散发出的异味。他们的售后服务也很到位，垃圾桶的任何一个部位有损坏，都有配件可以更换，以此来保证使用的寿命。

　　靠着差异化战略，VIPP收获了高额的利润。它有一款不锈钢材质的经典款垃圾桶，售价超过2000元人民币，是普通垃圾桶价格的几百倍。可即便如此昂贵，还是吸引了大量的追捧者，他们喜欢VIPP高贵的气质和独特的设计。除了垃圾桶，VIPP还设计生产了多种卫浴用品，如马桶刷、肥皂盒、沐浴剃刀、玻璃漱口杯等，这些不起眼的生活产品，经过VIPP的精心打造，已经成为北欧的经典设计，并被丹麦博物馆收藏。

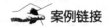 案例链接

从 McCafe 看麦当劳的竞争战略选择

　　麦当劳快餐厅在全球范围内的店面有上万家，这些店面

无论是外观、食品还是配送，走的都是标准化的统一路线。这一整套流程，让麦当劳拥有了绝对的成本优势，支撑着它在世界各地开设店面，并获得盈利。

在总成本领先战略方面，麦当劳做得很好。然而，经济在不断发展，资源的开放度也在日益提升，企业之间的成本差距变得越来越小，麦当劳能够做到的价格，其他竞争对手也可以做到。这就导致总成本领先战略的优势会不断减弱。

该怎么解决这个问题呢？此时，麦当劳想到了差异化竞争策略，最直接的体现就是，在麦当劳快餐店中加入了Mc-Cafe这个新品牌，提倡快速鲜煮咖啡概念，且价格平易近人。这不仅和普通的快餐店有了差别，也靠平价和星巴克区别开来。

在选择差异化竞争战略时，麦当劳并不是盲目的，而是有选择性地选择了局部试点，再逐渐扩散。曾经有国外的媒体报道称，在澳大利亚，有McCafe的麦当劳门店比普通的麦当劳门店的营业额平均高出15%。虽然人们对McCafe的评价不一，但从竞争战略上来讲，麦当劳这一次的选择是正确的。

·专一化战略

专一化战略也叫集中化战略，是指主攻某一特殊的客户群，或某一产品线的细分区段、某一地区市场。它和前两种竞争战略不同，具有为某一特殊目标客户服务的特点，它所开发推行的每一项职能化方针都要考虑这一核心。专一化战略有两种形式，一种是企业在目标细分市场中寻求成本优势的成本集中，另一种是在细分市场中寻求差异化的差异集中。

案例链接

格力的坚定——看似在走独木桥，实则在走阳光道

说到专一化战略，国内营销界有一些人将其称为"一篮子鸡蛋"的战略，而将多元化战略称为"把鸡蛋放在多个篮子里"，认为后者可规避风险，专一化战略容易满盘皆输。

其实，这是一种歪曲的解读。专一的出发点和落脚点，是为了赢得竞争中的有利形势和主动地位，要求把所有的资源集中在某一方面，力求通过局部进行渗透和突破，形成和突显局部优势，继而进行深度开发，从全局上获胜。单纯把专一化战略理解成"一篮子鸡蛋"的战略，是没有真正理解它的内涵和本质。

格力走的就是专一化战略，而它的成功印证了"一篮子鸡蛋"说法是无稽之谈。

2002 年，许多厂家都在为产品的出路发愁，甚至为了吸引消费者的眼球不惜大肆降价。然而，格力没有这么做，它选择向北京、上海、广州、重庆等中大城市投放一款高档的豪华空调新品——数码 2000，结果受到了不少中高收入阶层的青睐，虽然当时正处在空调市场淡季，可抢购的热度丝毫未受影响。

为什么会出现这样的情况呢？很简单，价格昂贵的格力"数码 2000"，不是"一篮子普通的鸡蛋"，它采用的是世界独创的人体感应和一氧化碳感应两项新技术，让空调走进了感性化时代，有了智能化与环保的优势。

格力在经营上取得的傲人成绩，与它对专一化战略的深刻认识有重要关系。专一化与多元化之间的距离并不遥远，甚至可以说，它时刻都在面对着多元化的诱惑。有不少靠专一化战略获得发展的企业，后来都背离了最初的选择，走进了多元化的误区。造成这种情况的原因是，他们对专一化的理解在战略上很清晰，但在战术上很混乱，明明知道大而全的多元化经营很难，可在实践的过程中又回到了多元化的思维里，到处乱抓。

在这方面，格力表现得很坚定，它专注于空调的技术创新，专注于精品意识的培育，专注于品牌含金量的打造，专注于产品可靠性的试验和研究，专注于不同气候环境下的产品适应性的提升。在专一化经营的过程中，格力的战略出发点是满足顾客的需求，而落脚点是全程、全部让顾客满意，总而言之，把"以顾客为核心"贯穿了战略的始终。

一个"梦"的幻想——蓝海战略

什么是蓝海战略？

所谓的蓝海战略，其实是针对"红海战略"而言的。企业为了寻求持久的、获利性的增长，往往会跟对手针锋相对，为竞争优势、市场份额和实现差异化而战。然而，在过度拥挤的产业市场中，硬碰硬的竞争只会让企业陷入血腥的"红海"。

2005 年，W. 钱·金和勒妮·莫博涅首次提出"蓝海战略"的概念。他们认为，流连于红海的竞争中，会越来越难以创造未来的获利性增长。要赢得明天，企业不能靠与对手竞争，而是要开创"蓝海"，即蕴含庞大需求的新市场空间，来走上增长之路。

蓝海战略是让企业从价值感知的层面去重塑战略，让差异化和成本领先兼得。针对专一化战略，蓝海战略认为，不能一味地细分市场来迎合用户的偏好，而是要合并细分市场，整合需求。现有市场的用户不是争夺的目标，而是要去培养那些有潜在需求的用户。

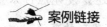 案例链接

本田的独辟蹊径，实现市场的"无中生有"

1960 年以前，美国摩托车市场被英国 BSA 公司、美国诺顿公司等几大巨头垄断。在小型摩托车市场上，美国产库什曼摩托车占市场总份额的 85%，这种摩托车曾经是"二战"期间的战时用车。当时，美国摩托车市场的规模并不大，骑行的人主要是军人、警察、摩托车爱好者，以及社会上的一些不良青年。从市场调研和咨询建议的角度来说，美国的摩托车市场实在没有什么可投资的价值。

然而，有一家公司却偏偏认准了别人都不太看好的美国摩托车市场，它就是日本的本田公司。在消费者定位上，他们考虑的并不是那些已经拥有摩托车的人，而是那些之前从来没有想过要买摩托车的人。针对这一定位，本田开始了设

计研发的工作。之后，他们就在美国推出了自己的第一款产品：一种体积小、重量轻的小型摩托车。

没想到，本田的这一战略竟像美梦一样成真了，它打开了美国的摩托车新市场，打响了自己的品牌。之后，川崎、雅马哈、哈雷等公司相继看上了这一领域，纷纷加入竞争的行列，并投入了大量的营销费用，但最终还是没能胜过本田。因为，本田通过细分市场的策略，打开了新的蓝海，创造了很高的经济壁垒和品牌认知壁垒，后来在同质化产品大量涌出的时期，它又以优越的成本优势超越了其他竞争对手。

打开蓝海市场的开拓者，不但能够占据消费者心目中第一的位置，还很容易成为行业游戏规则的制定者。苹果公司就是采用蓝海战略的一个典型代表，它曾经是一家PC（个人计算机）厂商，通过一系列的蓝海战略行动，以一个市场新入者的身份推出了iPod、iPhone、iPad等产品，让在红海市场中遥遥领先的索尼、诺基亚都屈居它之后。苹果不仅实现了自身的盈利，还让日渐衰落的消费电子行业重新崛起。

蓝海战略的开发时间比较长，投入也大，且有迅速变红的不确定性。为此，有一些管理者认为，它是类似"梦"一样的幻想，让人充满希望，可执行起来太过冒险。这样的案例，在现实中也是存在的，比如共享经济的最早实践者 Snap Goods。这家网站成立于 2009 年，它把租赁者和物品所有者联系起来，并为交易提供完全担保。由于该网站共享的多是一些日用品，交易双方需要邮寄、归还物品，过程并不比线下租赁或购买新产品便捷，因而 Snap Goods 从成立之初，经营状况就不太理想，最后沦为共享经济这片蓝海的失败者。

是不是非要在红海战略和蓝海战略中二选其一呢？

W. 钱·金认为，这是许多人在认知上犯的基础性错误。在目前的新商业环境下，两者配合、唇齿相依也是可行的。红海可为当前的现金流作出贡献，而蓝海是未来获利性增长的来源。企业不妨这样考虑：一方面用红海战略的方法和工具，在现有市场竞争中最大限度地利用已有资源、增加现金流；另一方面用蓝海战略的方法和工具，开创新的市场空间。

然而，在实践的过程中，有些企业管理者因自身的经验背景和既有知识，经常以旧的概念来解读蓝海战略，比如将其与开发新技术等同，或是把蓝海战略和差异化战略等同，抑或认为蓝海的开创者必须是市场的先入者，等等。实际上，真正践行蓝海战略的基石是"价值创新"，既要压低成本，也要提升买方所获得的价值。

雷克萨斯这一品牌刚刚进入美国加利福尼亚州时，一旦汽车出现了故障，厂商就会派直升机送专业人员到现场解决问题。雷克萨斯的产品在定价方面比其他汽车奢侈品牌要低，但所提供的服务却更胜一筹，这大大提升了客户价值。仅仅十几年的时间，雷克萨斯在北美地区的销量就超过了奔驰和宝马。

相比之下，在全球新经济形势和商业环境下，中国企业的管理者有不可置疑的行动力，但在战略方面还存在欠缺，特别是不太擅长利用价值创新。如果企业能够找到自身价值创新的正确道路，把胆识和战略相结合，必然能够开拓出具有可持续性的蓝海创新市场。

商业模式是企业竞争的最高形态

彼得·德鲁克说："当今企业之间的竞争，不是产品之间的竞争，而是商业模式之间的竞争。"

不管是传统企业还是创业型企业，在转型之际都必须重新梳理自己的商业模式，用方法论为公司的价值进行重新评估，如我们是怎样创造价值、传递价值和获取价值的，这些问题都需要重新梳理并弄清楚，让企业管理者对公司有一个完整的认识，了解各方面的关系。

当前，有不少企业建立了自己的商业模式，确定了战略目标，可到了执行时却发现，一切都是纸上谈兵，难以落地。原因很简单，只有目标，没有路径，更没有资源和运营体系的支持，许多事情就只是一个想法。这样的战略地图只能用来看，无法用来打仗。

那么，究竟什么是商业模式呢？我们有必要就这个问题深入并清晰地探讨一番。

首先，商业模式是一套商业逻辑，也就是按照什么样的逻辑思维来为用户创造价值，从始至终都要秉持这一逻辑。这对不少国内企业来说是很难的，长期以来，不少企业都本着"差不多"的标准来行事，不重视精益求精。正因为此，我们现在才着重强调"工匠精神"，追求极致，这对于转型中的企业而言极具挑战性。

其次，商业模式是以"利他"思维为起点的商业活动，要么帮助用户降低痛苦指数，要么帮助用户提升幸福指数。关于"利他"的意义，我们已经谈过许多，它是企业家精神的核心，也是现代企业可持续发展的根基。

再次，商业模式是一套系统的方法论，一旦在某个点上获得了成功，便可以在更大的范围内去复制这种成功。这就需要企业根据最终的目标来配置各种资源，搭建起一个以市场为导向的组织，而不是哪儿疼治哪儿的短期计划。

商业模式的创新决定着企业的成败，如果企业管理者不懂得在商业模式上做文章，必然会事倍功半。那么，如何来梳理和重塑企业的商业模式呢？

·价值创造——在产品和服务上，企业要力求创造差异性和竞争力

有些企业自认为设计生产和提供的产品和服务很好，却不被市场认可和接受，原因就是客户根本没有这方面的需求。有些产品存在市场需求，但同质化太严重了，推出这样的产品很快就会丧失竞争优势。面对更新迭代速度的加快，企业一定要保证品质，并进行不断的测试调整，力求推出的产品和服务有差异性和竞争力。

·价值传递——在营销和渠道上，企业要用恰当的方式影响消费者

在营销方面，企业必须弄清楚几个问题：目标客户群是谁？他们平时了解信息的方式是什么？通过哪些渠道去影响他们？哪个渠道的效果好、性价比高？

在宣传方面，不少企业认为传统媒体即将消亡，并把所有的希望寄托于互联网媒体。新旧媒体在本质上都是一样的，只要能把信息传播到对它感兴趣的人群里，它就能发挥出应有的效用。比如，2012 年"褚橙"这一品牌的冰糖橙风靡全国，它就是通过传统媒体报纸推向市场的。该品牌的策划人胡海清坦言，企业家和"褚橙"所倡导的价值观精神能够产生共鸣——人生总有起落，精神终可传承。"褚橙"的种植者褚时健，也是这些企业家的精神榜样。因此，"褚橙"就将目标消费群锁定为企业家群体，并选择《经济观察时报》和《中国企业家》杂志作为主要的宣传阵地，因为这些都是企业家们钟爱的媒体。

渠道也是一样，不管选择线下还是线上，都是有利有弊的，不存在绝对的好与坏，关键在于场景。企业需要考虑的是，哪一种渠道能够为消费者带来更好的用户体验，能够以更低的价格获取竞争优势。如今，电商运营的成本也在逐渐增加，虽然省去了门店的费用，可营销、仓储、物流的成本投入并不少。马云也说过，新零售时代，纯电商必死。未来的趋势是线上和线下的结合，物流的本质就是消灭库存。

·价值支持——企业的组织架构和制度流程，要能够提升企业整体运行的效率

企业在商场中应战，少不了人力、物力、财力、技术、品牌等资源，如果没有资源的话，很难把产品交付给用户。组织架构的意义在于，运用一种较好的方式把资源高效地利用起来。比如，你可以选择雇佣制，也可以选择合伙制；组织结构可以是网状、金字塔式，也可以是矩阵式。不同的行业和企业，情况都不一样，关键看效率高不高。

制度流程不可小觑，它的核心在于能够形成合力，提升整个企业运行的效率。企业要考虑的是如何运用制度流程激励员工，而不是压制员工的创造力。未来，流程精简是大势所趋，越复杂的流程，内耗就越大。

总体来说，把商业模式设计好，对外，企业便能找准市场的切入点，为用户带来独特的价值，给用户一个选择本企业和本产品的理由；对内，企业能够整合好各方面的资源，统一思想和步调。当然，任何商业模式都不是一劳永逸的，有其特定的生命周期，企业要跟上时代的步伐，还需要每隔几年就对过去的商业模式进行修订，千万不能躺在成功上睡觉。不然的话，很可能一觉醒来，"奶酪"就消失不见了。

✎ 案例链接

名创优品为何能让"10元店"遍地开花？

2013年11月1日，广州地区诞生了第一家名创优品门店。随后，这家"10元店"开启了星火燎原的扩展，一时间风靡全国，扩张速度令人瞠目。截至2015年年底，名创优品在国内外开了1400家门店，在国内有1200家门店，员工近2万名，营业额超过50亿元。到2016年年底，名创优品在国内的门店数量达到1800家。

是什么让名创优品拥有如此大的魔力，在短期内创造了这般庞大的规模？

这得益于名创优品创始人叶国富的"头脑风暴"。在海外考察时，叶国富发现，日本的200日元店，美国的2美元店，都类似中国的"10元店"，但生意非常火爆。他开始思考：中国的"10元店"众多，怎样才能成为第一？如何搭上中国消费升级的浪潮？在中国市场怎样才能做到更高的性价比？

带着这些思考，叶国富打出了一手"组合牌"。名创优品采用的是日本的品牌形象和设计风格，运用的是中国的制造能力，这样的价值组合开创了全新的商业模式，让名创优品迅速蹿红。仔细分析也会发现，名创优品在产品、营销渠道、组织、成本结构等多个环节，全都进行了重构，且拥有关键资源的支持，因此才在转型期实现了快速发展。

从产品服务方面看，名创优品的用户价值主张，是为全球消费者提供更高品质、更低价格的商品。它的产品主要是百货日杂，多数是自有品牌；目标客户群是18~35岁的年轻女性，考虑到中国女性的平均身高，它把货架的高度调整为1.5米，虽牺牲了部分坪效，但便于消费者拿取商品，考虑得非常细致。

在营销渠道上，名创优品没有选择在大街小巷开店，而是把目光瞄准了城市的中心地带，宁愿花费高昂的租金，也要选择人流量大的地方，如大型的购物中心、步行街、交通枢纽的商业物业等。名创优品丝毫不吝啬几十万元的租金，认为人流量比租金更重要，门店的引流效果比广告更加直接有效。

在渠道扩张方面，名创优品设置了三种方式，即直营、合作、加盟，并把控好所有店的运营管理。以加盟商为例，双方合作期限为三年，加盟商需要缴纳相应的品牌使用费和货品保证金。但在这三年内，名创优品会负责安排所有产品，不断地提供货品，无须加盟商再拿钱进货。合作到期后，货品保证金如数退还。对加盟商来说，完全不用担心进货难或商品滞销的问题。在这样的合作模式下，名创优品把加盟商变成了合伙人，双方优势互补，用最低的成本赢得了最大的收益。

名创优品的一个关键资源也是一大竞争力是它的人力资源，它拥有一个成熟的团队，全部是快销零售行业的专家。创始人叶国富，同样也是"哎呀呀"品牌的创立者，做零售品牌有十年的商业经验。正因为此，名创优品才能在同样的模式、同样的价格下，做到盈利而不亏损。关键资源的积累不是一日之功，也是企业经营最难的部分。

学习他人的产品和模式不难，可要学习一套资源，构造流程体系，却十分不易。

在大众消费者眼中，名创优品是一个全新的品牌，但对它的母公司赛曼控股集团来说，这不过是一次转型试点，通过一个新的品牌来带动企业的整体升级转型。赛曼的选择是明智的，它没有在饰品零售业的红海里苦苦挣扎，而是开创了新领域、新模式，找到了自己的蓝海。

路径选择：找准战略突破的切入点

有关战略重塑的重要性，许多企业都深谙于心，但该从哪儿下手去突破，却是一个问题。在此，需要说明一点：转型不等于转行，要升级不要跳级。现在的商业环境变了，但不意味着会终结传统行业，换一个角度，换一种思维，会发现每个行业都有无限的潜力。

那么，具体而言，企业可以从哪几个方面着手进行战略突破呢？其实，前面的章节中已经给出了一些思路，在这里我们来做一个详细而系统的总结。

·路径选择 1：从低端品牌转向高端品牌

现在的消费主流群体是中产阶级和"80后""90后"的年轻一代，他们崇尚精品，追求个性和极简主义，过去的那些低端廉价的产品已经无法勾起他们的兴趣和消费欲望。从这个角度来说，低端品牌是没有未来的，更贴近消费者的高端品牌才是未来的主流趋势。

对经营低端品牌的企业而言，如若不向高端品牌升级，低端产品的低附加值很可能会拖垮整个经营体系，特别是制造型企业，内部成本不断升高，就算把规模做得很大，也很难实现可持续发展，只会在泥潭中越陷越深。

要向高端品牌升级，需要持续不断地投入，特别要在产品的研发上下功夫。可以看到，那些走高端路线的企业，比如华为、青岛特锐德，都很重视技术创新，在研发上的投入一直都保持在营收 8% 以上的水平，而国内的一些大中型企业在这方面的投入却不足营收的 1%。

高品牌需要的是高附加值，为用户提供极致的价值体验，不管是产品的性能、服务还是用户购买体验，企业都要有所突破，找到自己的价值创新点。

·路径选择 2：从产品经营转向服务经营

德勤会计事务所对全球顶级制造企业的研究数据显示，制成品在顶级制造企业销售收入中所占的比重只有 30%，剩余的 70% 全是服务以及零部件业务创造的。

这说明什么呢？一个产品的价值是有限的，但不可见的价值却是无限的。

以产品经营为主导的企业，产品是主体，服务是衍生品，企业把所有的精力都聚焦在产品的品质、产量和成本管控上，是以自我为中心的；以服务经营为主导的企业，服务是主体，产品是载体，企业把所有的精力聚焦在用户对产品的使用以及用户价值上，是以用户为中心的。

2005 年，GE 旗下的飞机发动机公司改名为"GE 航空"，这标志着业务模式的转型。原来的公司制作发动机，而改名后的 GE 航空却增加了多项服务，如提供运维管理、运营优化、财务计划的整套解决方案，还可以提供安全控件、航管空间等各类服务。相比过去单一地卖产品，这些服务带来的价值空间更大。

同样从产品经营转向服务经营的还有米其林轮胎。过去，米其林一直把自己的价值定义为生产高质量的轮胎产品，而后他们意识到，保障客户在使用米其林轮胎的过程中安全、省油、可靠、舒适，才是更有意义的价值。很快，米其林就进行了转型升级，跟英国的巴士公司联手，提供持续的保障方案，按照车辆的使用里程为客户维修和更换轮胎，而不是仅仅销售轮胎。

·路径选择3：从低维经营转向高维经营

刘欣慈的小说《三体》里有一个"二向箔"，这个东西能把所有接触者从三维降到二维，是高等文明的清理员用来打击太阳系文明的武器。当人类难以适应二维的时候，地球文明被毁灭就是必然的了。后来，这种"降维打击"被引用到商业竞争中，比如360的免费，就是一个可圈可点的例子。

在360未进入安全软件市场之前，卡巴斯基、瑞星等杀毒软件一直是靠向用户收取年费的形式获取收入，这是它们具有核心支柱意义的一个"维度"。谁也没有想到，360会把这个维度瞬间取消，且在取消这个维度之后依然活得有声有色，卡巴斯基和瑞星都是靠着这个要件生存的，面对如此惨烈的攻击，它们就像三维的我们面对二向箔那般无力。

对许多传统行业来说，互联网的攻击也是一场关乎生死的考验。虽然传统行业还有市场，但传统的商业思维已经被边缘化了，传统商业的价值也在逐渐萎缩，这就是高维商业模式与低维商业模式的战争。企业想要生存下来，就必须具备更高维度经营的能力。

我们都知道，用友一开始是卖软件的，后来从卖软件到

SaaS[①] 服务再到运营服务，从管理软件到云服务，后又到金融服务，最后实现了金融、云服务、管理软件的融合创新发展，成功从低维升级到高维的模式，在商业厮杀中找到了自己的出路。

·路径选择 4：从分散式经营转向聚焦式经营

分散经营也被称为多元化经营，即通过并购整合上下游企业，降低企业之间的交易成本、获取全新的竞争力；抑或通过投资、并购和原有业务不相关的公司，来实现业务延伸，进入全新的市场。

分散经营的好处在于，对外部市场的感知能力比较强，每一个业务单元单独运作，自主经营，拥有更高的决策权和自由度，但在治理模式和管控模式上却很容易出现混乱，导致集团旗下的多个业务之间难以协同。原本是一家人，却都有自己的"小算盘"，容易产生各自为政的现象。

---

① SaaS是Software-as-a-Service（软件即服务）的简称，随着互联网技术的发展和应用软件的成熟，在21世纪开始兴起的一种完全创新的软件应用模式。它是一种通过互联网提供软件的模式，厂商将应用软件统一部署在自己的服务器上，客户可以根据自己的实际需求，通过互联网向厂商定购所需的应用软件服务，按定购的服务多少和时间长短向厂商支付费用，并通过互联网获得厂商提供的服务。

过去的市场机会有很多，盈利也比较容易，选择分散经营没有问题，基本上每一个业务都能够发展得很好。可是，在当前的经济形势下，再沿用分散式经营的模式怕是行不通了，如果不能把多种业务有效地聚合起来，就会浪费许多无形的资源，难以打造出市场竞争力。

在这样的情势之下，企业应当朝着聚焦式经营的模式转型，先把内部的多个业务聚合起来，以共同的价值观作为指引，让这些资源围绕公司共同的目标和使命相互配合、协同作战，发挥出应有的能力。这，恰恰就是战略的力量。

·路径选择5：从大众化产品转向小众化产品

前面我们谈过蓝海战略，那么，实施蓝海战略的基础是什么呢？

三个字：差异化！但是，产品差异化并不等同于蓝海战略。换而言之，只在产品上进行差异化是不够的，蓝海战略不是去抢夺谁的市场，而是去开辟新天地，这是蓝海战略的核心问题，一旦去抢市场就会发生正面冲突，陷入红海之战中。

蓝海战略讲究的是价值独特——优、特、专，即针对某些特定的市场、特定的场合、特定的群体进行局部创新。越是消费者在意的地方，越要远超竞争对手，让消费者清晰地看到你独特的模式、独到的价值，并用理性的语言跟消费者进行平等的沟通。

鉴于此，企业就应该意识到，再像从前那样围绕竞争去做经营，一味追求覆盖面广、大而全，是难有发展了。在总体市场占比和区域市场占比上，大众产品如果做不到第一，就会始终被人牵着鼻子走，难以掌握竞争的主动权。这片红海之中，竞争残酷，产品同质，利润微薄，模式雷同。更糟糕的是，企业做得越大，往往离用户越远，因为企业内部一直紧盯着竞争，无暇顾及用户。

从大众产品向小众产品转型，情况就不一样了。小众产品一直都在寻找差异化的产品定位和用户价值，满足用户独特的需求，与用户的亲密度很高，许多创意和灵感都是从用户那里萌发的，依据目标用户的需求对产品进行优化和取舍，满足用户未被满足的需求，始终在创造全新的用户体验，自然更容易被用户接纳和认同。

这一路径选择，其实就是从竞争转向需求，在寻求规模的同时不乏细致灵敏的思考；放弃对用户的说服，用共振感染用户；不试图改造用户，探寻用户潜藏的认知和需求。

战略决定结构，结构服务于战略

在战略与组织结构的关系上，谁决定谁、谁服从于谁，一直是企业管理者们关注的焦点。

哈佛教授、管理学大师钱德勒是最早对战略与组织结构关系进行研究的人之一，他在 1962 年出版的《战略与结构》一书中，研究了 70 多家公司的发展史，讨论了美国大企业的成长与发展，以及企业的组织结构如何进行调整以适应自身发展，并演绎出了美国现代公司及其管理架构产生和发展的普遍现象，最终提出了著名的钱德勒命题——结构跟随战略，即战略决定结构。

为什么是战略决定结构呢？有人曾经提出过质疑，认为应当是先有流程，后有结构，流程决定结构。这样的说法是否能够站住脚呢？在解释这个问题之前，我们要先弄清楚流程是什么。

所谓流程，就是一系列的经营管理活动，其核心目标是为了满足用户的需求，让用户满意。以制造业为例，从产品研发开始，到原料采购，再到生产、销售、配送等一系列环节，最终把产品送到用户手中，这一系列活动就是一个大流程。

如果以流程为导向来设置组织结构，显然就是以用户为中心，而不是以组织为中心。这种业务流程管理，的确比传统的职能管理进步了很多，但我们不能因此夸大流程的功能。流程的目标是服务好用户，而服务用户的本质依然是为了公司的经营。从管理的角度来说，所有的管理活动最终还是为了经营战略。

流程会对结构产生影响，但无法决定结构，它们之间不存在必然的因果关系。与其说"流程决定结构"，倒不如说"设计结构时要充分考虑流程的因素"，这样更加贴切。每当外部环境发生大的变化时，企业首先会调整组织结构，之后再更新相关的流程。从这个角度来说，我们可以把战略、流程和结构的关系归纳为——战略决定结构，流程影响结构。

那么，战略是如何决定结构的呢？

· **战略的定位，直接决定组织结构的定位**

企业的发展战略定位，决定了所要进入的行业以及各项业务的组合。行业和业务特性不同，对组织结构的要求也不一样。比如，从事零售业和制造业，对应的组织结构肯定是不同的；哪怕都隶属于制造业，产品和业务组合不同，对组织结构的形式和要求也不一样，就像生产手机和生产服装，两者"相差"甚远；就算是相同行业的不同企业，其业务组合和结构也是不一样的。

同一家企业的组织结构，也不是一成不变的，它要跟随不同阶段的战略来进行调整。我们以海尔为例，它过去主要生产家电，不做手机，也就没有对应手机业务的组织。后来，海尔集团看中了手机产业这块大蛋糕，决定进入手机生产和销售领域，就设立了与手机业务相匹配的组织结构。由此可见，海尔在组织结构上作出的改变，完全是为了适应战略的变化，如果不这样做的话，战略就没有办法实施。

·战略的目标，直接决定企业资源的配置

企业的发展战略目标，决定了企业需要具备和发展哪些方面的资源。比如，有一家企业的销售收入目标从过去的1000万元提高到3000万元，它需要具备的能力和资源肯定不同。要发展到3000万元，可能需要通过增加员工、增设销售网点、增加研发投入、提高劳动生产率、加强品牌推广等一系列措施来实现。

不同的战略目标，对企业人力、物力、财力资源的分配是不一样的。很明显，对资源的不同配置，也会直接对应在不同的组织结构中。比如，如果这家企业还是用原来实现1000万元销售收入的组织架构，期待实现3000万元销售收入的目标，难度是很大的。同样的道理，如果企业的组织架构明明能够完成5000万元的目标，却用它来实现2000万元的目标，那会极大地浪费资源。

· 战略的策略，直接决定企业组织职能的重点

企业的业务战略和职能战略，直接决定要赋予企业什么样的职能要求，相应地体现在组织结构的设置上。比如，现阶段的策略是研发，那么组织结构的设计就要突显研发的职能；反过来，如果某产品不太受欢迎，要在一年时间内停产，那么组织结构的设计就要削减这方面的职能。总而言之，战略的重点是什么，组织结构的工作重点就要放在什么地方，要调整各部门与职务的重要程度，以及各管理职务和部门之间的关系。

· 战略直接决定企业的管控模式和决策系统

如果企业规模较大，属于集团化的母子公司，那么母公

司的管控模式和决策系统，就要依据子公司在集团的战略地位高低、总部资源与下属企业的关联程度强弱、子公司所处的发展阶段来决定。

综上所述，我们就可以清楚地理解，为什么是战略决定组织架构。一个内贸企业是不会设立外贸部的，而代工企业也不会成立研发部，零售企业更不会设立生产部，因为组织架构都是追随战略而设定的，它的存在就是为了支撑企业战略落地；如果企业的某一战略没有承载的部门，就会导致结构残缺。所以，在设置组织架构时，一定要以战略为导向。

何去何从：组织结构的变革趋势

我国绝大多数企业在组织结构上都采用了金字塔式，这种结构源自管理幅度理论。

管理幅度理论认为，一个管理者的时间、精力、知识、能力、经验都是有限的，所能够管理的下属也是有限的。通常来说，基层管理者可以有效管理的下属在 15 ~ 20 人，中层管理者有效管理的下属不超过 10 人，高层管理者能有效管理的下属不超过 7 人。当一个组织的人数增加后，受有效管理幅度的限制，就必须增加管理层。

这种组织结构很符合官本位的传统，层级分明，强调各司其职。可随着企业的不断发展，部门不断增加，管理层也在增加，管理的复杂程度越来越大，随之而来的管理问题也日益明显。毕竟，层次越多，沟通效率越低，沟通成本越高，还可能出现信息失真、决策错误、扯皮推诿的现象，当组织变得僵化后，对外部环境的变化也会变得迟钝。

这也不是说，金字塔式的组织结构一定要被摒弃，任何一种结构都有成功的案例，也有失败的教训。在互联网时代，信息技术得到了广泛的应用，企业管理者不能再故步自封，要打开思维和眼界，看到组织结构的变革趋势。换而言之，你可以选择暂时不变，但你一定要看到变革的方向，为将来的改变做好准备。

·扁平化——减少组织结构中的管理层，提高沟通效率

扁平化的组织结构，通过减少管理层级，降低内部摩擦和协调的成本，来提升效率。

20 世纪 80 年代，通用电气 CEO 杰克·韦尔奇说过这

样一番话："穿了六件毛衣后，你就感受不到外界气温的变化。"他在这里的比喻，说的是通用电气复杂的组织体系，这让他十分不满。在他看来，管理层级太多，企业就跟穿上了多件毛衣一样，让企业高层无法准确及时地了解一线市场的变化，并作出相应的调整。在韦尔奇的推动下，通用电气的管理层级从24个缩减到6个，原来的60个部门缩减成12个，管理人员从2100人缩减为1000人。

·流程化——以用户为核心，以市场为导向，不再强调职能

流程化组织结构的特点是，一切都以客户为中心，以市场为导向，淡化部门与职能的作用。任何职能都只是流程中的一个输入口或环节，所有的活动都为输出产品或服务，以追求用户利益最大化。

·网状化——去中心化，淡化上下级界限，向外无限开放延伸

网状化组织结构的一个典型代表就是Google，它采用的是小团队管理的模式，公司内部有许多"项目经理"，但他们的"项目"全靠自己来找。Google内部出现需要解决的计划或难题时，大多会组织出一个个工作小组，由他们分头负责那些专项任务，因此公司内部存在不少"双重领导"，所以 Google 的组织结构图看起来不那么清晰明了。

除了 Google 以外，美国的 Facebook 和韩国的 KaoKao Talk 也是采用网状化的组织结构。它们也是互联网公司或科技公司，这些企业的计算机、网络技术水平比较高，这也是实现网状化运行的强大支撑。

· 无边界化——取消组织的垂直纵向边界、水平横向边界和外部边界

在当前的商业环境下，企业要有效地运营，就必须保证组织的灵活性和非结构化。无边界组织结构恰恰符合这一要求，它取消了组织的垂直纵向边界（运用跨层级团队和参与式决策使层级结构扁平化）、水平横向边界（管理者通过跨职能团队、围绕工作流程开展工作，淡化了职能的作用）和外部边界（与供应商建立战略联盟）。

除了上述四种组织结构发展趋势外，还有虚拟组织、团队组织等。然而，万变不离其宗，它们都有共同的特质，那就是管理层级扁平化、打破部门界限、下放决策权、依赖网络进行沟通、强调协同性，等等。事实也证明，这些创新性的组织结构彰显出了良好的适应性和强大的生命力。随着商业环境的变化，竞争与合作是未来企业关系的突出特点，而战略联盟是企业之间联系的主要方式，这些都需要创新组织结构来匹配。

第 六 章

效率思维：制度是冷效率，
文化是热效率

> 制度和文化是企业生存发展的两条腿，不存在孰轻孰重的问题。刚性的制度是构建现代企业管理的基础，是企业的骨架；柔性的文化是企业保持生机、活力的基础，是企业的灵魂与思想，它们共同作用让企业成为一个生命有机体。

制度 VS 文化：缺一不可的两条腿

企业的生存发展犹如一场艰难的长途跋涉，想在这条路上走得更久、更远，离不开相互依存、相生相伴的"两条腿"——制度与文化，无论缺少了哪一个，都会成为跛脚。

没有规矩，不成方圆。某知名企业家说过："在企业管理上，就要加之以辅助物，在道德层面假定善意，但在制度层面假定恶意。而这个制度上假定恶意是指在未出现问题时明确监管，出了问题后按照这个制度去解决。你无法保证你的部下全部是天使，或者他们曾经是天使就能永远是天使吗？从制度上假定恶就是当恶还没产生或欲望还没产生的时候，就将其抑制住。你无法要求你的部下全是天使，他会有魔鬼的一面。而我们制度的约束，就是减少他魔鬼这一面的释放。"

没有制度的团队，犹如一盘散沙，缺少监督与约束，人人都凭借一己之私来处理问题。结果可想而知，企业乱象丛生。有了制度的框架就不一样了，即便原来是一盘散沙，也可以将其固定成形，规范版图，让其有秩序、有规范地存在。

制度是一种冷效率，当流程变得标准化以后，企业内部各个环节之间的出错概率都会降低，能够有效地节省时间。同时，制度是团队的共识，是不可侵犯的，能够对员工起到监督和鞭策的作用，从而提升效率。

在人才难求的情况下，良好的企业制度也是招纳贤士的基础。说得再好都不如一纸合同更有法律效力，企业管理者单凭口舌难以赢得信任，只有让贤士看到企业有规范化的管理，有公开、公平的竞争制度，能为愿意付诸努力的人提供相应的平台和机会，而不是任人唯亲，才有可能吸引那些有理想、有抱负的人进入企业，相信企业，为企业创造价值。

好的制度可以激发人的潜力，让员工找到工作的价值和快乐，认为这个地方值得留下来，能拥有继续上进、变得更好的力量。坏的制度会打击人的积极性，让员工丧失工作的信心和动力，认为留下来是痛苦的、没有价值的，继而自动放弃。

当然，企业要走得长远，仅靠制度是不够的，因为再健全的制度也无法覆盖每一个角落，再完美的制度也无法实现绝对的公平。

曾有人说："三流的企业看老板，二流的企业看制度，一流的企业看文化。"三流的企业在制度方面尚未成形，一切都是老板说了算；二流的企业建立了制度，能够按照规章制度办事；三流的企业有了健全的制度，还需要借助文化凝聚力来统一员工的思想，用文化的感染力来调动员工的积极性。只有制度没有文化的企业，犹如一座冰冷的城堡，会让人感觉不近人情、机械冷漠。

企业的持续强大，需要依靠"三治"——人治靠能人，法治靠制度，心治靠文化。企业如果单纯靠人治，规模小的时候还尚可，一旦企业越做越大，就必须打造强大凝聚力的企业文化，通过有效的制度将其贯彻下去，实现"精于术而以道为本，守于道而以术御事"。

企业文化是一种导向，影响着员工的价值形态。在较低级的价值观中，工作就是为了金钱；而在较高级的价值观中，工作不仅仅是为了金钱，还有自我价值的实现。当员工的工作价值观发生变化，他的言行、态度都会随之改变。

企业是一个团队，里面容纳着各种各样的人。每个人的道德观、价值观、思维方式都不一样，在交流的过程中不可避免地会遇到障碍，甚至产生矛盾。有了企业文化的存在，虽不能完全改变大家的道德观、价值观和思维方式，但能够发挥协调的效用，让大家的思维不至于偏离得太远，能够让大家看到一个共同的愿景和目标，从某种程度上让彼此成为一个队伍的"战友"。

2008 年，华为供应链物流经理和供应商到印度尼西亚某地考察新项目，当地的路况很糟糕，考察途中车子陷入泥泞出了故障，华为的员工毫不犹豫地钻到满是泥水的车子底下修车，身上的衣服被泥浆浸透……那一刻的情景，被人用相机拍摄了下来。看到这张图时，许多人都发出了感慨：他们本可以悠闲地等待救援人员，却选择了爬进泥沼尽快修车，是什么让华为的员工选择这样做？是他们以用户为中心，艰苦奋斗的精神！这一切只为了尽快为用户提供服务。

不是单纯的硬制度，也不是单纯的软文化，而是"软硬兼施"换来的相得益彰。制度和文化，不存在孰轻孰重的问题。刚性的制度是构建现代企业管理的基础，是企业的骨架；柔性的文化是企业保持生机、活力的基础，是企业的灵魂与思想，它们共同作用让企业成为一个生命有机体。

脱离管理哲学的制度没有生命力

原中国惠普公司助理总裁高建华曾说："解决企业经营
管理问题的起点是管理哲学，中间是管理科学，最后的终
点再回到管理哲学。"仔细品味，会发现这句话颇有一番
哲理。

管理哲学说的是理念、信念、文化和自律，它探讨的是
"为什么"；管理科学说的是流程、制度、方法和工具，它
探讨的是"是什么"。管理科学只有上升到管理哲学的角度，
才能焕发出生命力，既要知道"是什么"，更要知道"为什
么"；管理哲学唯有落实到管理科学上，才能彰显出执行力，
既知道"为什么"，也要知道"怎么做"。

无论是制定发展目标、战略规划，还是设计管理制度，
企业都必须描述是基于哪些特定的管理哲学，即我们是基于
什么假设、什么理念、什么信念，要达成什么样的目的。如

果没有弄清楚管理哲学，没有想清楚希望得到什么样的结果，就匆忙地去制定管理制度，那多半是在做无用功。没有管理哲学为基础，任何制度都没有生命力，甚至是违背人性的。

管理制度需要不断完善，而在设计管理制度的过程中，也要弘扬管理哲学，遵循"人性善恶兼有，人我合一，自他不二"的事实。举个最简单的例子，每个人都是利他利己的共同体，在制度与规范内唤醒利己思想，远比唤醒利他思想更能激励员工。利己利他合二为一，唤醒员工的利他思想，同时也要设定相应的制度，防止人们为了利己不择手段，让利己损他的人付出巨大的成本。这样的制度，才是符合人性，且具有生命力的。

"惠普之道"是惠普人都认同的管理哲学：假定人性善，相信每个人都有做好本职工作的意愿，而各项严谨的规章制度是管理科学。尊重人、相信人，不意味着纵容，人性化管理也不是人情化管理，制度必须是严格的、无情的，但处理人的方法可以有情、合理。准确地说，就是让每一个员工都明白，自由有边界，没有出界之前是自由，出了界就丧失了自由。

"活着就要改变世界"是乔布斯的信念，而苹果的理念是"做跟别人一样的产品是一种耻辱"。这些都是苹果的管理哲学，而它把这些管理哲学变成了产品概念、新产品定义等能够操作的方法论，让每一个员工都知道该如何去找寻产品创新的灵感，如何才能够去改变世界。有了具体的方法论，产品创新就成了员工日常工作的一部分，所以苹果永远都不会走抄袭、模仿的道路。

"被尊重"是苏泊尔员工在这里工作的真实感受，仅从建立之初那项"米饭白吃，但不许浪费"的制度中，便可窥见一二。苏泊尔公司的食堂非常干净，高层和员工都在此用餐，且谁也不能插队。菜品一荤两素都不贵，米饭免费，但吃多少打多少，无论是客人还是总裁，谁若浪费都要被罚款。

其实，这项制度最早是基于贫困员工而制定的，但他们认为，员工需要的不仅仅是吃饱、吃好，更需要自尊。考虑到贫困员工的心理感受，公司就实行了全体员工米饭免费、菜价最低的政策，但不允许浪费粮食。仅米饭免费这项制度，企业每年就要多支出 30 万元，对于当时刚起步的企业来说，真的是一笔不小的开支，可这项措施却成了传统，一直延续至今。现在拥有 5000 多名员工的苏泊尔，每年在这方面的投入高达 150 万元。

从上述的这些案例中，我们都能够得到一些启发：把管理科学和管理哲学有机地结合起来，才是较为完美的选择。就企业而言，规章制度设计得再好，如果不解决员工的思想问题、价值观问题，不进行人性化的思考，那些规章制度很有可能变成员工与管理者斗智斗勇的棋盘。设立规章制度的最终目的，应当是达到无为而治的效果，这也是管理的最高境界。

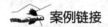 **案例链接**

制度是严苛的，人心是温暖的——董明珠的管理哲学

2018 年的第一天，董明珠在珠海出席论坛时，说了一番震惊天下人的话："我要让我格力的 8 万员工，每一个人都有两房一厅的房子。你做到退休我就给你，你还有什么不满意？房价再高跟你有啥关系？"这番话不只让"格力人"心动，也让千千万万的看客们震撼。

在众人眼里，董明珠是女中豪杰的典范，在管理上更是彰显着一股霸气。有媒体这样评价她："董明珠似乎有一种无与伦比的力量让下属产生那种对领袖的天然崇拜，敬畏、追随她；更重要的是，她没有道德瑕疵，活得像格力的制度一样天衣无缝！"

　　格力的制度很严格，但在这份严格的背后，我们也可以看到董明珠有她的管理哲学。在她看来，优秀的企业家应该承担起责任，为员工营造一种安全感，让他们感觉有所依靠。所以，在人力资源管理方面，这位"铁娘子"并没有采用狼性团队管理的制度，而是显得更有温情。

　　在格力的管理上，董明珠从来不搞末尾淘汰制，她认为这是不合理的。一个人只要尽心尽力地做事，对企业而言就是有价值的。她坚持原则，但不会推行不合理的规章制度。格力也没有裁员的制度，从2011年到现在的7年多里，虽然人员有所缩减，但都是因为每年的返乡高峰自然流失的。董明珠说，格力不会再补充人员，而是会通过内部效率提升来推动业绩的发展；在人员的管理上，也不会用裁员的方法转移外部变化造成的压力。

　　现阶段，格力的员工最担心的就是房子的问题，而董明珠却承诺，她将在未来几年让所有的格力员工享受两室一厅的福利，这个钱她来出！她还解释说，只要员工不走，退休的时候，房子就属于员工本人。

　　除了送房子之外，格力还有其他的福利政策。从2016年12月开始，格力对入职满三个月的员工每人每月加薪1000

元，这既是对反对者的某种"示威"，也是对员工的安抚。这项加薪制度涉及的员工有7万多名，公司人均效率在提升，因而要与员工共享成功。按照人数来计算，格力电器每个月的支出要增加7000万元。这次加薪引起的热议余温还没过，2017年年初，董明珠在出席珠海市九届人大一次会议时又宣布，公司员工人均年终奖1万元以上，另外人均送一台格力手机。

董明珠是一个高度集权、雷厉风行的领导者，也是"法家"学派坚定的拥护者和执行者。

她说："一个好的企业制度，不能因人而设，因人而异，或者有权力的人想怎么样就怎么样。制度要建立在公平公正的基础上，企业管理人员的言行应该是员工所学习的榜样，中国制造业的底气和力量，不是来自劳动力成本，而是来自于企业的制度建设。"

也许，单独去看那些规章制度时，会感到冰冷而严苛，可若把它跟一个企业的责任感、使命感，与个人的自律、自我价值联结在一起后，就会感受到这是对所有尽心尽力者的一份公平而公正的承诺，一种精益求精的做事态度，以及实现高效与持续发展的强大根基。

🐟 **案例链接**

借华为三十年风雨路，看任正非的管理哲学

从创立到如今，任正非带领华为走过了三十多年的风雨路。在华为发展的不同阶段，任正非都有其独特的思考与见地，呈现给外界的是一项项明确的制度，而背后隐含的却是他的管理哲学。

1987 年到 1998 年是华为的初创期，这个阶段支撑任正非管理思想的管理哲学是唯物辩证法。他在对《华为基本法》的讲解中提道："真实的世界永远都是矛盾的，有矛盾才能在打破平衡中不断发展，华为公司正是在不断解决矛盾的过程中前进的。"1996 年之前，华为的主要矛盾是技术与市场的矛盾，毕竟当时的它还只是一家小公司，面临着生存和发展的压力。而后任正非选择了技术突破，将主要矛盾转变为经营与管理之间的矛盾。

1998 年 3 月，任正非在《要从必然王国，走向自然王国》中提出："第二次创业的目标就是可持续发展，要用十年时间使各项工作与国际接轨。"当时，华为急需扩大海外市场，任正非不断地走出国门，学习先进的文化和理念。此时，华为面临海外扩张和企业管理不兼容的矛盾，任正非便

提出了"削足适履"的思想，即主动变革。

2000 年，任正非要求华为的高层管理人员以"无为而治"为题作文。他希望华为的高管们能够以道家的"无为而治"来管理公司，让高管们能以公司的组织目标为己任，通过制定各种制度来管理华为，培养优秀的干部，而不是充当个人英雄；对于中层管理者，以儒家的"中庸"思想来管理；对基层管理者则采用以"法"管理，严格执行规章制度、不讲任何私人情面。

"无为而治""中庸""法"，这三大管理思想，为任正非的内部管理夯实了基础。他还有一个相对温和的指导思想，即灰度管理，就是让管理者既有明确的方向感，也要懂得宽容和妥协，合理地掌握合适的灰度，让各种影响发展的因素在一定时间内保持和谐。这就对华为的各级管理者提出了更高的要求，即要懂得妥协的艺术、保持开放的姿态。

在 2016 年全国科技创新大会上，任正非提道："华为已前进在迷航中。重大创新是无人区的生存法则，没有理论突破，没有技术突破，没有大量的技术积累，是不可能产生爆发性创新的。华为正在本行业逐步攻入'无人区'，处在无人领航，无既定规则，无人跟随的困境。"

全新的时期，全新的挑战。未来的日子，任正非和他的精神、他的思想，会带领华为朝着这个方向努力，就像过去的三十年一样，任正非愿意不断发现矛盾，解决矛盾，这种充满哲学意味的人生与管理思想是他坚持不懈的追求。

体现重要性的新方法：分权的艺术

阿兹特克帝国是古墨西哥的最后一代王朝，他们创造了辉煌的阿兹特克文明。作为阿兹特克帝国的中心，特诺奇蒂特兰拥有 30 万的人口，是当时世界上最繁华的城市之一。阿兹特克文明融合了其他各民族部落与自身的文化习俗，这种开放式的态度让其经济得到了迅速的发展，且带动了教育、科学、天文、艺术等方面的进步。

1519 年，西班牙人荷南多·科尔特斯受西班牙政府委派，率领一支仅有 11 艘船只、500 名士兵的远征队深入墨西哥内地，他们侵略的第一个目标就是阿兹特克的领地。面对这个拥有庞大人口、繁荣富强的城邦的帝国，跟随科尔特斯的 500 名士兵很害怕。为了激发士兵的斗志，科尔特斯在登陆后把所有的船只都击沉了，为的就是截断退路，殊死一搏。

科尔特斯得知阿兹特克首领蒙特苏马迷信"白神"，就把自己伪装成神的使者蒙混过关，顺利带领士兵进入特诺奇蒂特兰。科尔特斯趁机囚禁了蒙特苏马，让其成为傀儡，对臣民们下达听从西班牙人指挥的命令，搜集大量财宝交给西班牙人。就这样，科尔特斯只靠着 500 名士兵，就征服了拥有 500 万民众的阿兹特克帝国。

为什么要讲述阿兹特克帝国灭亡的故事呢？其实，就是为了借古喻今，读史明鉴。蒙特苏马是阿兹特克帝国的"头脑"，他的指令直接控制着整个帝国的运转。科尔特斯只控制住了蒙特苏马，就轻而易举地征服了他的帝国。

这就提醒企业主们，高度集权是一件很可怕的事。没有哪个人会永远英明，永远判断准确，更不能保证自己的道德永不出问题，就算能力再强也无法解决未来的所有问题。

在企业里，权力越大的人，身上背负的担子就越重。许多企业主非常辛苦，事事都靠一个人撑着，明知道适当地放权可以减压，却迟迟不肯迈出这一步。为什么呢？

• 不想放权，害怕失去对企业的控制，丧失威信，宁肯自己辛苦也不愿放手。这样就能确保万无一失吗？历史上的诸葛亮殚精竭虑，最终落得什么样的结局呢？积劳成疾，英年早逝。

• 不敢放权，对外聘的经理人的能力、职业道德不够了解，不能完全信任和托付，尤其是在这方面栽过跟头的老板，更是"一朝被蛇咬，十年怕井绳"。

• 不会放权，对管理的问题不太了解，想放权但不知道怎么放，不知道放出去后该怎么监控。

在企业经营管理的问题上，许多事情不能用"想与不想""会与不会""愿与不愿"来做决策，而是要从大局出发，做正确的决策。每个人在生活中都有一些视觉盲点，受到思维定式和思维框架的约束，还有对既往经验的路径依赖，这些都可能会影响到对事物的判断和决策的准确性。因而，决策的行为如果集权于一个人，风险会比群策群力的分权大很多。

当企业发展到一定规模时，没有任何一个老板能做到公司大事小事一手抓，因为时间和精力都不允许，分权是必须且必要的选择。问题是，如何才能实现合理的分权？

所谓合理的分权，是指建立在责权对等基础上的分权，建立在能力与品德之上的分权。但是，分权不等于随意地放权，只下放权力却不加以监督管制，无异于弃权。某金融公司的董事长 D 女士，曾招聘了一位非常能干的 CEO 帮自己打理公司的所有业务，她把公司的全部资料都交给了这位重金聘请的 CEO，而自己去了国外三个月，期间对公司的事情不闻不问。等到回国后，她才震惊地发现，自己的公司已经陷入停滞状态，公司的资产也快被掏空了。

这些惨痛的教训值得所有的企业主铭记于心。真正合理的分权，应当是分权＋监督。有不少集团公司都选择"集团管控"的模式，让企业的发展模式从外延式的扩张变成内涵式的增长。集团管控通常有以下三种模式：

• 模式一：财务控制。把注意力集中在财务管理、投资决策和实施监控上，只关注下属单位的盈利情况与自身投资回报、资金收益，不干涉子公司的生产经营，只要达到财政目标即可。

• 模式二：运营控制。对集团资源采取高度集中控制和管理，追求企业经营活动的统一和优化，大多是直接管理各种生产经营活动和具体业务，从战略规划制定到实施都要监管。

・模式三：战略控制。总部提出战略指导，以此规范子公司的发展方向，协调各下属单位之间的矛盾，平衡资源需求，分享经验，培育高级主管等。

无论选择哪一种模式，最终的目的都不是要束缚子公司的手脚，而是要在愈发激烈的市场竞争中调动子公司的积极性和创造性。最好的控制不是监管和督促，而是自制。所以，企业管理者要做到有效地把权力赋予下属，让他们积极地参与到企业的运作和管理上来，让规模变大后的企业依然保持小企业的活力，同时培育出企业发展所需的优秀人才。

🖎 案例链接

美的集分权的"16字方针"

在集权和分权的处理模式上，美的集团为不少企业树立了典范。美的的经营管理机制包括很多方面，如公司治理机制、激励机制、创新机制、变革机制等，但其中最为核心、最具影响力的还要数分权机制，这一机制在很大程度上激活了美的前行的动力。

何享健是美的集团的大股东、前董事长，他曾被称为中国民营企业老板中最大胆的一位。在他的带领下，美的集团从 30 多亿元的规模发展到 1000 多亿元的规模，整个过程中他坚持对职业经理人授以最大的权限，上千万元、上亿元的投资职业经理人也有权做决定。2012 年，何享健干脆让出了董事局主席的位置，完全让职业经理人团队来管理美的。

许多人都有过质疑：何享健先生为什么能够如此大胆？他没有过担忧吗？

何享健的大胆，恰恰因为他深谙放权的艺术。从 1998 年美的完成事业部制组织变革后，就出台了一份《分权手册》，其中明确规定了美的集团和事业部之间的定位与权限划分，且详细地阐明了整个美的经营管理流程中的所有决策权的归属，为美的的分权提供了制度保障。之后，美的开始逐步建立起精细的分权体系，让组织化整为零，成为一个个反应敏捷的细胞体；每个独立的细胞体又时刻牵动着遍布组织内部的神经系统，让整个系统掌控张弛有度、收放自如、灵敏有序。

现如今，美的的分权体系已经成为美的最强大的竞争软实力，而它的集分权"16 字方针"——"集权有道，分权有序，授权有章，用权有度"，也对中国成长型企业发挥了重要的借鉴作用。

宽带薪酬设计，留住员工的动力

许多企业主的心里都有一个困惑：我给员工的待遇并不低，为什么还是留不住人？为什么有些公司在薪资待遇上并不高，工作量也很大，员工却干得很起劲？要留住人员的心，靠的到底是什么？

从目前来看，健全的薪酬体系是吸引、激励、发展和留住人才最有力的手段。请注意，我们这里说的是健全的薪酬体系，它强调的是薪酬的激励功能，能激发出员工的积极性和潜能。

一提到薪酬，许多人马上就会想到钱和实物，其实这是对薪酬概念的狭义理解。从公司成本的角度来说，企业支出的不仅仅是大家看到的那些，还有许多隐性的、与钱无关的支出，比如为员工创造良好的工作环境、工作本身的内在特征、组织特征等带来的非货币性心理效应，两者合起来才是广义的薪酬，即全面薪酬。至于让企业主困惑的"工资不低却留不住人员"的问题，多半是出在了非货币薪酬上，如发展机会、成就感、荣誉感，等等，这是影响人们选择工作和职业的一个重要因素，也是组织吸引人才、留住人才的重要手段。

传统的薪酬结构是垂直型的，带有大量的等级层次，甚至是定值的，即每个职位等级只有一个固定的薪酬数值，想要获得加薪的机会，只有通过晋升才能实现。这种薪酬方式的弊端有很多，首先，很容易导致内部不公平的现象出现，无论员工做多少工作，同等级员工拿到手的薪酬都是一样的，会打击一些员工的工作积极性；其次，企业里的管理职位是稀缺的，优秀的员工如果无法获得晋升的机会，就无法获得加薪的机会，最终只能导致人才流失。

相比之下，宽带薪酬的设计就显得灵动多了，它很好地支持了扁平化的组织结构，打破了严格的等级制，以市场薪资为基础，更能根据市场薪资的供求而变，且匹配绩效管理的激励需要。

所谓"宽带薪酬设计"，就是在组织内用少数跨度较大的工资范围来代替原有数量较多的工资级别的跨度范围，将原来十几甚至二十几、三十几个薪酬等级压缩成几个级别，取消原来狭窄的工资级别带来的工作间明显的等级差别。但同时将每一个薪酬级别所对应的薪酬浮动范围拉大，从而形成一种新的薪酬管理系统及操作流程。宽带中的"带"意指工资级别，宽带则指工资浮动范围比较大。

那么，要如何来设计宽带薪酬呢？

· step1：岗位价值评估

为什么要进行岗位价值评估呢？最终的目的在于改变官僚体制等级观念，提供岗位晋升路径参考。通过科学的岗位评估系统对岗位进行评估，判断每个岗位对组织的相对价值，继而建立统一规范的职级体系。

岗位评估是一个比较的过程，要衡量岗位之间的相对价值，而不是绝对价值。在岗位评估前，要弄清楚公司的组织架构，列出岗位清单，了解各个岗位的职责和任职要求。接着，对所有岗位的相对价值进行评估打分，划分岗位相对价值层次。

· step2：职能等级设计

在有了完整的岗位职级结果后，就可以在岗位职级表的基础上，根据管理开设更多的设计。比如，为了智能管理需要，可以加入职等级、职衔的概念元素。这样做的意义在于，将来员工薪资级别调整时，在公司内部赋予职称方面的晋升，给予相应的职衔称谓，即"名利双收"。

· step3：薪酬策略选择

在不同的发展阶段，企业会有不同的薪酬政策需求。

初创期时，对人才的需求比较强烈，通常会采取高于市场薪酬水平的政策，岗位薪酬的灵活性较高，对岗位更强调长期的薪酬回报。过了创业初期，进入成长阶段，企业逐渐步入正轨，薪酬内部的公平性问题会凸显，需要建立规范的薪酬体系，此时岗位薪酬要向市场看齐，而企业对关键人才要采取倾斜性薪酬策略。

成熟期时，企业在管理方法和盈利模式上基本已经成型，经营较稳定，管理趋于正规化。此时的薪酬政策是控制人力成本上升，向管理要效益，对员工的激励比较有限。进入衰退期的企业，经营上举步维艰，最重要的是控制薪酬成本，而员工也面临被裁员或转型的问题。

薪酬政策除了要结合企业的发展阶段，还要针对不同类型的人才，选择相应的薪酬策略。比如，对于核心人才，薪酬上应当采用高工资、为知识经验付薪、重视风险收益和长期激励；对于通用人才，工资和市场行情持平、确保内部公平、为绩效付薪；对于独特人才，可根据合同付薪、主要看项目成果；对于辅助性人才，按照小时或临时签订的合同付薪。

·step4：带宽标准设计

这里说的"带宽"，不同于宽带薪酬中的"宽带"。我们可以把宽带理解为薪酬的一种思想或方法，而带宽是具体的宽度和范围，对应到岗位职等中，带宽所指的就是每一个职等的薪资浮动范围。那么，经过岗位价值评估出来后的岗位职等级，要如何设计带宽呢？

第一，定中位值。从岗位职等级表中，选择几个市场薪酬数据可信度较高的岗位作为标杆岗位，把调查得到的薪资填入带宽标准设计表中。

第二，设计各职等中位值。根据上一步填入的岗位薪资的中位值，把其他岗位的中位值空白处填入数据，数据的设计要满足两点：职等与中位值成正比、上下职等之差符合递增趋势。

第三，设定带宽值。设计各职等的带宽比例，遵从由低向高递增的规律。

第四，算最大最小值。确定中位值和带宽后，根据带宽薪酬计算公式，算出最大值和最小值：

最小值＝（2×中位值）/（2+带宽）

最大值＝（1+带宽）×最小值

带宽＝［（最大值/最小值）-1］×100%

第五，验证。通过各职等带宽的重叠度、等差、级差数据验证，检验是否有异常数据，验证是否符合规律。

第六，测算。选择一些岗位，套入对应职等，测算其所处的级别。如果有不少岗位薪资明显超出或远大于1级至9级的数据范围，就需要返回到第一步，循环设计，直至合理。

· step5：薪酬结构设计

在给员工发工资时，不少企业主只给一个固定的月薪，不分工资项目。在他们看来，月薪就是这么多，不管分成几个部分，总数也不会变，没必要去细分。实际上，这种观念是错的。虽说工资的数目没有变，但如何分、怎么分、什么时候分，直接影响着员工的工作积极性。换句话说，把薪资分成不同的项目，为的是创造不同的激励效果。

不管薪酬结构由几个模块构成，都可分成两部分：固定薪酬与浮动薪酬。基本的分配比例规律是，岗位职等级越高，浮动薪酬比例越大；职等级越低，固定部分的比例越大。所以，那些经常爆料"只拿1元"年薪的职业经理人，并不是在撒谎和调侃，因为1元只是象征性的固定工资，他们的主要薪酬来源是公司的股利分红和股票升值的浮动部分。

激励模式变革：从绩效导向到价值自觉

无论是调整组织结构，还是设计宽带薪酬，都有一个共同的期望和效用，即调动员工的工作热情与积极性，激发他们的主动性与创造性，以提高组织效率。在激励的形式上，物质性的奖励必不可少，这是满足员工基本需求的支撑，可如果奖励一直与工作绩效挂钩，员工就会把奖励的多少视为今后工作投入的决策依据，且边际效用也会逐渐递减。

经济学上有一个"棘轮效应"，指人的消费习惯形成之后有不可逆性，向上调整容易，向下调整难。假如企业总是通过不断地提高相同的激励物质来满足员工增长的或是不变的需求，那么企业就需要不断地盈利，且利润幅度必须大于激励标准的上升标准。否则的话，企业就会掉进入不敷出的恶性循环中。如果企业取消或降低激励的标准，员工的需求就得不到满足，工作积极性也会大打折扣，甚至产生抵触情绪。

那么，企业如何制定激励制度，才能够缓解或避免"棘轮效应"产生的不良后果呢？

马斯洛需要层次理论里讲过，人的需求有五种：生理需求、安全需求、爱和归属感、尊重、自我实现。显而易见，人的需求是有层次的，企业在制定激励标准时，一定要考虑到员工个人层次渐进的需求。对某一个员工而言，可能第一次给予金钱方面的激励能够达到刺激其积极性的作用。可随着这个员工对金钱的需求不断得到满足，他的需求层次就会提升，此时金钱对他来说不再是最重要的。假设此时的他已经提升到了"受尊重"的层次，那么企业选择用晋升的激励方式可能对他更有用。

由于员工的需求层次是上升变化的，所以企业的激励标准也应当是变化的，激励物也要相应作出调整。与此同时，企业也要考虑到不同个体之间的不同需求。同一个时间阶段，每个人的需求都不一样，所以对不同的个体，也要采用差异化的激励措施，不能刻板地一视同仁。

说了这么多，落脚点无非还是一个：借助外部的激励手段，调动员工的自我激励。在工作的过程中，个体期望通过对工作的掌控，影响产出结果，并获取成就体验。从驱使个体工作的角度来看，追求金钱报酬不是首要因素，因为金钱奖励包含着控制性暗示，这种暗示会抑制个体的价值自觉倾向；当员工逐渐意识到努力投入的重要价值，最后到认同并将之纳入自身信念，发自内心地全力投入工作中并从中体验到某种成就感，才会真正爆发出积极性和追求自我实现的期望。

想要激发员工工作动力，填补心理能量的"黑洞"，除了给予满足基本需求的物质奖励之外，最重要的是从心理层面上把握住员工的需求。因此，企业在设计绩效评价体系和薪酬激励体系时，应当满足员工的三种基本需求：胜任需求、自主需求和归属需求。

• 胜任需求，指的是员工渴望对工作环境进行控制，期望通过从事有挑战性的任务来检验和扩展自身能力的需求。

- 自主需求，指的是员工能够在工作中以独立的意志来行事，能够感受到一种选择的自由和心灵的自由。
- 归属需求，指的是员工能通过与他人的亲密协作，获得共同体身份认同，满足利他主义的社会伦理情结。

追求金钱不是个体工作的终极目的，要能从员工的胜任需求、自主需求和归属需求出发，重新审视和优化激励体系，引导员工自发地参与到创造性的工作中，成为自己行为的亲历者，而不是一个旁观的局外人。这样的激励模式，才是有效的、可持续的。

企业文化 = 企业价值观 + 行为方式

当企业完成了战略转型、管理部门职能转型后，接下来要做的就是把很多共识沉淀、固化下来，成为日常工作和生活的一部分，逐步升华为每个人自觉自愿遵守的行为准则与价值观。这，就是老生常谈的"企业文化"。

企业文化到底是什么东西呢？许多人对此并没有一个清晰的概念，认为企业文化就是一些假大空的东西，比如激情澎湃的口号、装订精美的宣传手册，抑或是老板在开会时宣传的名言警句……事实上，这些都是对企业文化的曲解，也是企业文化建设亟待改进的地方。

真正的企业文化，是贯穿企业经营的一种无形的存在，却又切实影响着组织中每一个人的行为和处事方式。企业文化是全体员工广泛认可的精神品质和行为方式，能够切实落实执行的价值观念和行为准则，它包含以下几个方面：

· **价值观念**

价值观念相当于企业的是非标准，要明确指出提倡什么、鼓励什么、反对什么、杜绝什么。这些内容不能是假大空一样的口号，而要细化成一条条简单易懂的内容，让每一个员工都清楚、都接受、都支持。但凡涉及是非对错的问题，必须要有明确的界定，让大家知道界限在哪儿，不用去猜测，避免擦边球，一切都清晰明了。

· **行为准则**

行为准则是企业内部的行为指南，让员工清楚做事时应当遵循的基本原则，比如诚实、守信、保密、不找任何借口、助人为乐、换位思考、把问题留给自己，等等。明确指出企业希望员工怎么做，做到什么程度，才能让大家知道如何管控自己的行为。

·决策机制

决策机制是彰显企业领导力的一个关键因素。在角色思维那一章里，我们已经谈论过这个问题，"自上而下"和"自下而上"两种决策机制，带来的结果截然不同，给员工带来的心理感受也是不一样的。

·沟通方式

沟通方式是体现企业人性化管理水平的标尺。企业有哪些正式的、定期的沟通？有哪些非正式的、定期的沟通？有哪些非正式、非定期的沟通？大家对企业所发生的事情是否有知情权？企业会不会定期主动地向员工传递信息？这些都在考验企业是否具备完善的沟通机制，能否做好上传下达的工作，能否把高层决策准确地传递到基层，又让高层管理者能够听到基层员工的真实心声。这些都是践行以人为本的具体表现。

· **人际关系**

人际关系是决定员工在企业中能否找到归属感和幸福感的一个重要因素。如果员工之间、上下级之间的关系都很融洽，工作对于员工来说就是一件愉快的事。倘若员工之间充满恶性竞争，彼此为了各自的利益不择手段，相互防备，就会营造出自私自利、相互拆台的氛围，闹得人心惶惶，不利于内部的团结，更影响企业的效率。

上述这几个方面是企业文化的内涵，很多企业对这些内容并不陌生，但知道了未必就能形成企业文化，关键还要把理念落实到行动上。文化转型意味着向上升华、向下沉淀，"升华"就是要把理念上升到信仰、尊严、自律的高度，"沉淀"就是把理念落实到行为、准则、标准的深度。最后，用文字把文化描述出来，用故事表达出来，用图像显现出来，让大家都能理解。

企业文化的建设不是一件简单的事，要面对多方面的冲击和考验。

现在的员工大多是"80后""90后"，他们见多识广，渴望被领导，但不希望被管理，有强烈的创新意识，对感兴趣的事情可以废寝忘食，对不感兴趣的事情充耳不闻。对于这样的群体，如果不能在精神层面产生共鸣，在价值观层面产生共识，再好的企业文化宣传口号都是无效的。另外，企业内部不同层次、不同专业、不同年龄结构的人员，思维模式不一样，因而企业文化也当考虑到这一点，能够实现在代沟之间牵线搭桥，让代际和层级之间形成文化共识和管理共振。

总而言之，企业文化建设不能假大空，也不能急于求成，更不能追求完美。企业可以先从目标统一着手，逐渐过渡到价值统一。这样的企业文化，才能够落实到工作中的每一个细节中，才能在每一个员工的心里扎根。

避开企业文化建设的四大误区

企业文化的重要性我们无须赘述，当下越来越多的企业开始建设自己的企业文化。但是，在实际运营的过程中，无论是企业主还是高层管理者，抑或普通员工，对企业文化的建设存在不少认识上的误区，结果让企业文化建设陷入了糟糕的境地。

误区一：把文体娱乐活动当成企业文化

不少企业管理者在向他人介绍自己的企业时，会说这样的话："为了丰富员工的业务生活，我们加强了企业文化的建设，成立了许多兴趣小组……"在他们看来，企业文化就是唱歌、跳舞、打球，等等。不可否认，这些文体娱乐活动确实可以增进部门、员工之间的情谊，让他们在业余时间得到更好的消遣，增强公司的凝聚力，是企业文化必不可少的一部分。然而，它们绝非企业文化建设的主体，因为这些内容无法帮企业建立强大的竞争优势，无法帮助企业更好地面对残酷的市场竞争，更无法依靠它们赶超竞争对手！

我们建设企业文化的目的是什么？是要增强企业的竞争力，是要取得更好的经营业绩！更确切地说，企业文化就是企业在市场竞争中，为保证持续发展而选择或努力去营造的适应外部竞争的生存方式。所以，不能简单地把文体娱乐活动等同于企业文化建设，这是非常错误的认知。

误区二：把脱离实际的空谈当成企业文化

有些企业为了塑造自身的"形象"，脱离企业经营管理的实际，总结出一些描述经营理念或企业精神的词语。这些理念或精神完全不被认同，所以它的表面化描述就成了脱离实际的空谈，犹如一个精美的花瓶，没有任何实用价值。

还有一些企业，努力塑造优美的企业环境，让企业外观和内饰看起来协调一致，设备摆放呈现出流线美感，抑或在企业的走廊、办公室张贴各种看似醒目的标语……做这些原本无可厚非，但若把这些表象化的东西视为企业文化，就大错而特错了。就拿标语来说，"求真""务实""团结"，这些字眼能否真实地反映企业的价值取向、经营哲学、管理风格？能否让全体员工认同？能否真正起到凝聚力和向心力导向的作用？这些问题，许多企业领导者自己都说不清楚，更何况是员工呢？

·误区三：把企业文化建设当成一劳永逸的事

有些企业认为，企业文化只要建设起来，逐渐步入正轨，就可以一劳永逸了。殊不知，企业文化也需要根据环境的变化来创新，不然的话，"过时"的企业文化非但不能促进企业发展，还可能成为一种阻碍。

多年前，IBM 的创始人汤姆·沃森规定，IBM 的所有员工必须穿正规的职业套装，且所有高层经理都要穿黑色西装和白色衬衫。这样的要求是出于对客户的尊重，希望每一位员工都可以着装整齐地出现在客户面前。

随着时间的推移，客户已经改变了他们在工作时的着装，且很少有技术型的买家会在公司穿着白衬衫和黑色西装。可是，IBM 的着装规范却一直保留着。1995 年，郭士纳决定废除这一着装规范，但他没有选择用另一种着装规范替代原来的，而是想到了沃森先生最初要传达的意图，作出了这样的决定：根据时间和场合以及你要会见的人，来决定你的着装。

在郭士纳本人看来，这是他担任 CEO 以后作出的一个很小的决策，但这个举动却被认为有很大的预示性。因为，着装规范已经成为 IBM 文化的一个组成部分，而这部分恰恰又是刻板的、僵化的，破除这一规范昭示着，IBM 的企业文化已经搭上了与时俱进的列车。

·误区四：把企业文化建设当成基层员工的事

企业文化是怎么形成的呢？它是企业领导者根据竞争环境，把自己经营企业的价值观、思维、行为方式、竞争方法等付诸管理实践，逐层地传递给最基层的员工，并要求全员遵守，从而形成习惯、产生氛围的过程。所以说，谁是企业文化的最终决定者？不是基层的员工，而是最高管理层。

　　卡洛斯·戈恩在接手债墙高筑、濒临倒闭的日产汽车之后，没有坐在办公室里发号施令，而是亲自到一线去。在接手的 1999 年的整个春季，他认真检查日产在海内外的每一个办公室、工厂、技术中心，了解经销商、供货商和消费者等各个环节的情况。为此，大家还给卡洛斯·戈恩起了一个绰号——"7·11"（指每周工作 7 天，每天工作 11 小时），每天清晨就开始工作，下班时太阳早已经落山。靠着这种走动式的管理，卡洛斯·戈恩找到了拯救日产汽车的方法，并将日产带回到全球汽车行业第二阵营的位置。

　　试想一下：如果卡洛斯·戈恩每天就待在办公室里下达命令，却要求下属实行"走动式管理"，可能实现吗？下属根本不能从根本上理解何为"走动式管理"。当卡洛斯·戈恩亲自到一线检查、指导，并要求其他管理者也这么做，他们必然会根据最高领导的要求开展"走动式管理"，而企业也逐渐会形成用一线数据说话作为决策依据的习惯。

　　这样的氛围，不是靠基层员工能够形成的，而是要由企业的高层来领导和推动。从另一个角度来说，有什么样的领导者就会有什么样的文化，它需要企业最高领导层来主导，也需要全体人员共同参与。为此，企业的最高领导者一定要有清醒的意识，认识到自己的价值观、言行举止直接影响着企业文化的方向，以及具体的行为模式。

优秀的企业文化不能脱离战略

企业文化不应是流于形式的表面文章，而是要能够根植于人心、可以落地执行、切实提高效率的价值观与行为准则。如何建设企业文化，才能够让它不至于偏离轨道，发挥出真正的效用？答案就是，与战略相匹配。

企业战略是在企业价值观、经营理念等企业文化核心要素所规范的总体经营思想、路线、方针的指导下产生的，也就是我们常说的：有什么样的企业文化，就形成什么样的战略。当企业有很强的文化特色时，会通过企业的经营理念、共同价值观等彰显企业的特殊性，这可以促进企业形成别具一格的企业战略，为企业的成功奠定文化基础。

当企业战略制定出来以后，需要全员积极有效地贯彻执行。长期以来形成的企业文化，具有导向、约束、凝聚、激励等作用，可以激发员工的工作热情和积极性，统一员工意志和目标，让全员为了实现战略目标而共同努力。

由此可见，企业文化和战略一定要相互适应、相互协调。企业文化的建设必须跟战略相匹配，要能够支持战略的实现。比如，某企业一直提倡节俭的价值观，这种企业文化有利于实行追求低成本领先地位的战略；再如，某企业提倡创造性、敢于挑战，这种企业文化有利于实施和执行产品革新与技术领导地位战略。总而言之，企业文化的建设一定要以提升企业的竞争力为目的，否则一切都是虚妄的空谈。

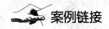 案例链接

沃尔玛的节俭文化与"天天平价"

1962 年，沃尔玛还只是美国阿肯色州小镇上的一家普通商店。五十多年后，如今的沃尔玛已经成为世界最大的零售连锁企业之一，在全球拥有超过 7900 家大型零售店，员工人数达到 230 万，年销售额超过 4000 亿美元。

沃尔玛的成功，离不开它的总成本领先战略，正因为实施了有效的成本管理，它才能给予消费者"天天平价"的承诺。当初，沃尔玛的创始人山姆·沃顿成功塑造了"节俭"这一企业文化基因，靠着这一文化因素，沃尔玛在短短几十

年的时间里，从一家不起眼的小商店发展成全球超级连锁企业。

　　沃尔玛对成本费用的节俭是出了名的。有人曾到沃尔玛的中国总部参观，惊讶地发现，它的办公区非常简陋，没有天花板，办公室都是用隔板隔开的。在沃尔玛，所有的复印纸都要双面使用，不然的话，就会受到惩罚。这些做法都只是出于同一原因：节省成本！

　　从沃尔玛的发展经验中，我们可以得出结论：企业文化的建设必须与战略相匹配。沃尔玛选择的是总成本领先战略，而它的企业文化就以"节俭"为基调，如果山姆·沃顿没有创立这种文化氛围，把节约每一分钱作为企业的信条，那么，沃尔玛就无法向消费者提供最低价的商品，也就无法实现"天天平价"的承诺，更不可能有今天的成就。

这是继《圈层是人才进化》之后，我撰写的第二本书。

相比第一次撰稿，虽多了些许经验，但也更加严谨，很希望把它做得更清晰、更实用。

近几年，我一直在研究、实践移动互联网的营销生态模式，以及产业互联的新商业趋势，也跟不少企业老板面对面地沟通交流过。不可否认，互联网的突飞猛进，让很多行业和企业都受到了冲击，不少企业主更是面临着进退两难的局面——想往前走，但不知道该怎么走，也怕走错；想往后退，背后还有一群追随自己的人，企业的盈亏已经不仅仅是自己的事了，即便还没有抵达企业家的高度，但身为领导者的责任心，在多数企业主身上还是具备的。

这让我萌生了撰写这本书的念头。平日里，能够有机会参加相关课程的企业主的数量，与庞大的中小企业数量相比，不过是凤毛麟角，还有大量的企业主和管理层人员迫切需要这方面的内容，我恰好有一些积累和经验，何不把它形成清晰系统、便于保存和反复阅读的书稿呢？

在确定要写这本书之后，我第一时间联系了智和商学院长张浩峰。我的思路和想法很多，但要把它们整理成一个有逻辑性的框架，却还得下一番功夫。在此，真的很感谢浩峰院长，他同我一起参考阅读了大量与企业重组、转型有关的书籍，为的是选一个独特的角度，而不是把重组牵涉的方方面面像教科书一样罗列出来。那样的话，阅读起来不仅烦琐，且不容易抓住重点，看完后还是不能从整体上把握思路。

几经斟酌，我们最后决定从"思维"的角度入手，提供给读者一个重组的思路。然后，大家就看到了现在的逻辑框架。在内容方面，也是尽量结合实际的问题，附加典型案例，让读者能更直观地理解，并从中获得一些启发和感悟。

转变思维不易，过程也很缓慢，但它是很值得去做，也是必须去做的一件事。无论时代如何变迁，能始终保持前瞻性的思维，适时地转换自己的角色，透过花里胡哨的表象看清商业的本质，比单纯从战术上去升级更有长效性。

　　但愿，每一位阅毕此书的读者都能从中有所收获。哪怕它只是为你的思路打开一个缝隙，于我而言，已是莫大的回馈。

韩永发

2018 年岁末

联合发起人名单

（按姓氏笔画排序）

王世忠	王笑菲	王 倩	王 浩	王耀辉
尹 娟	刘思贵	李月梅	李双江	李 帅
李晓英	李 涛	杨汉权	杨丝儿	杨 慧
吴周发	吴晟宇	余培芬	张仁坤	张配配
张浩峰	张 笠	陈文亮	陈智勇	陈 霞
林保健	罗佩双	岳 静	迦 兰	姜莉芳
祝秀梅	袁李州	倪梦诚	徐文芬	唐 阳
唐宗碧	陶 醉	黄德裕	盛子洛	曾 伟
鄢福青	雷世美	雷志平	蔡晓勇	谭景城